名师名校名校长

凝聚名师共识
回应名师关怀
打造名师品牌
培育名师群体

慢教育　融发展

——小学普特融合
支持系统构建之桂城模式

李利娟　主编

哈尔滨出版社
HARBIN PUBLISHING HOUSE

图书在版编目（CIP）数据

慢教育　融发展：小学普特融合支持系统构建之桂城
模式 / 李利娟主编. -- 哈尔滨：哈尔滨出版社, 2024.
9. -- ISBN 978-7-5484-8199-7

Ⅰ. G62

中国国家版本馆CIP数据核字第2024BK1856号

书　　名：**慢教育　融发展——小学普特融合支持系统构建之桂城模式**
MAN JIAOYU RONG FAZHAN XIAOXUE PU TE RONGHE ZHICHI XITONG GOUJIAN
ZHI GUICHENG MOSHI

作　　者：李利娟　主编
责任编辑：李维娜　赵海燕
封面设计：李方方

出版发行：哈尔滨出版社（Harbin Publishing House）
社　　址：哈尔滨市香坊区泰山路82-9号　　邮编：150090
经　　销：全国新华书店
印　　刷：北京政采印刷服务有限公司
网　　址：www.hrbcbs.com
E-mail：hrbcbs@yeah.net
编辑版权热线：（0451）87900271　87900272
销售热线：（0451）87900202　87900203

开　　本：710mm×1000mm　1/16　印张：15　字数：200千字
版　　次：2025年3月第1版
印　　次：2025年3月第1次印刷
书　　号：ISBN 978-7-5484-8199-7
定　　价：58.00元

凡购本社图书发现印装错误，请与本社印制部联系调换。

服务热线：（0451）87900279

编委会

主　编：李利娟

副主编：李丽生

编　委：何惠如　陈文威　何惠娥　李志成　罗红云
　　　　陈玉叶　陈　莹　丘淑敏　郭泳仪　刘晓彤
　　　　李凯峰　何文标　黎淑贞　赵　红　李　波
　　　　范健华　张力茹　古玖新　彭婉红　刘敏贞
　　　　苏绮滢　林志敏　林洁颜　黄有眉　彭启溢
　　　　安　茜　黄树娜　张海英　肖红瑶　吕灿辉
　　　　吴奕佳　蓝　楠　杜日桥　陈赛婵

目　录

下 篇　慢教育　融发展的实施探索

上篇

慢教育 融发展

综述

慢教育　融发展的背景

佛山市南海区桂城街道桂江第三小学　李利娟

　　融合教育是当今国际特殊教育发展的主要趋势，也是新时代我国特殊教育事业的重要发展方向。从中共十七大"关心特殊教育"，到十八大"支持特殊教育"，到十九大"办好特殊教育"，再到二十大提出做"普惠特殊教育"，国家对特殊教育越来越重视，也对融合教育提出了更多期望和要求。

　　《特殊教育提升计划（2014—2016年）》提出提升特殊教育硬件设置、建立特殊学校，让每个孩子有书可读、有地可去。《第二期特殊教育提升计划（2017—2020年）》开始重视特殊学生的最适安置支持系统、特殊学生的评估、特殊教育教师的专业，追求有质量的特殊教育。2022年多部门联合发布《"十四五"特殊教育发展提升行动计划》，计划提出到2025年高质量特殊教育体系初步建立，全国适龄残疾儿童义务教育入学率要达到97%。要加强学校无障碍设施设备的建设，促进普通教育和特殊教育的融合发展。

　　在国家政策层面，特殊学生的教育从人文关怀走向行动支持。让每个孩子都能享用公平而有质量的教育的呼吁越来越强烈，特殊学生走进融合学校，走进普通班级的趋势越来越明显。融合教育是残疾儿童少年在普通学校教育环境接受教育，是帮助残疾儿童少年更好适应、融入和参与社会生活的重要举措，是促进教育公平的必然要求。

以习近平新时代中国特色社会主义思想为指导，全面贯彻党的教育方针，近年来，各地落实教育政策和文件要求，高度重视关爱残疾学生，大力实施融合教育，推进随班就读工作质量稳步提升。

广东省高度重视特殊教育工作，特别是融合教育，将其纳入整体规划，逐步加大政府财政经费投入，并提出一系列政策指引和发布各项行动指南。佛山市作为国家特殊教育改革实验区，也在国家政策和省级文件指南的指引下开展融合教育工作。其中，2020年广东省发布《关于加强残疾儿童少年义务教育阶段随班就读工作的实施细则（试行）》在认定与安置、教育教学管理、教师队伍及培训、支持与保障等几个方面提出要求。

我国的融合教育实践开展至今已有几十年的时间，目前进入普通学校就读的残疾学生人数明显增加，各地普通中小学资源教室建设的数量和设施配备也基本达标，但是"随班就坐"的问题依然存在，融合教育质量不高的形势依然严峻。融合教育"主要矛盾"由"有学上"转变到"上好学"，从关注残疾儿童入学率到更加关注教学质量。

针对当下融合教育推进过程中普校融合氛围不强，普校教师特教专业性不强，对特殊学生的支持力度不够等问题，团队提炼出适用性较强的普通学校融合教育的支持系统，支持系统包括从一个特殊学生的入校前评估、到入读普通学校普通班后给予的行为支持、同侪支持、课程支持等方面。构建一个系统性强的融合教育支持系统，供其他特殊学生学习的普通学校参考借鉴，将融合教育新支持系统辐射到其他的地域。

慢教育　融发展的内涵

佛山市南海区桂城街道桂江第三小学　李利娟　李丽生

　　佛山市南海区桂城街道桂江第三小学，在实践融合教育近30年的历程里，历经3次改革，结合学校品牌特色创建探索出合乎政策、校情的融合教育支持系统，有效促进特殊学生与普通学生共同进步。

　　融合教育是指残疾儿童少年在普通学校教育环境接受教育，它是帮助残疾儿童少年更好地适应、融入和参与社会生活的重要举措，是促进教育公平的必然要求。融合教育的终极目标是建设融合的社会，追求正义、公正、公平，建设平衡和谐、高品质常态教育，让所有参与者获得进步。

　　"慢教育，好人生"是桂江第三小学的办学理念，在慢教育品牌下一切教育活动强调"过程"，引导学生体验学习过程，反思学习结果，领悟学习意义。慢教育拥有"强调过程、深度参与、成人成事"三大特征，具有"回归正常、回归平实、回归全面、回归生命"四大意义。融合教育强调回归社会、回归正常，这与慢教育的理念不谋而合。学生在慢教育文化的滋养中茁壮成长，不断深化发展，成就美好人生。

　　融合教育关注每一个孩子的教育需要，是海纳百川的大爱，此为"融之大爱"；教育是春风化雨、润物无声的过程，每个孩子要脚踏实地、慢慢走好人生的每一步，此为"慢步人生"。

慢教育　融发展的目标

佛山市南海区桂城街道桂江第三小学　李丽生

实施融合教育的目标在于发扬融合教育理念、培养融合教育师资、培养普通学生优秀品质、帮助残疾儿童适应社会环境，最终达到融合教育理想。

一、坚持融合教育的理念，建设新时代融合文化

全校师生认同融合教育的理念，接纳残疾儿童在融合环境中学习，教师提供专业支持，普通学生提供帮助，共助残疾儿童适应校园生活。全校园建设接纳、关怀、互动、互助、共赢的融合文化，学生学会接纳不同、学会关怀，教师尊重差异、因材施教，全部参与互助、共赢。

二、完善融合教育管理制度，培养融合教育师资队伍

组建规范的融合教育工作小组、建立高效的沟通合作机制、制定有效的教师激励制度、细化融合教育各项规章制度，对融合教育工作做到有要求、有监督、有评价。

培养"师德为先、学生为本、能力为重、终身学习"的特殊教育师资和"能开展随班就读教育教学"的随班就读师资。

三、建设"三位一体"融合课程，重点突破随班就读课程

建设有效的、个别化的、专业的特教班课程、资源教室课程以及随班就读课程，提高融合教育的教学质量，残疾学生能"上好学"。

落实《"十四五"特殊教育发展提升行动计划》推进融合教育发展、提升特殊教育课程与教学质量的要求，聚焦于普通学校特教班课堂有效性的建设、随班就读课程调整以及资源教室多元支持课程开发，通过提供个性化的学习支持，满足特殊教育需要，促进教育公平。

慢教育特色品牌发展规划

佛山市南海区桂城街道桂江第三小学　李利娟

　　佛山市南海区桂城街道桂江第三小学（简称桂江三小），是一所城乡结合的原村居学校，校园占地面积30 667平方米，校舍建筑面积11 504平方米，有24间标准课室，功能室齐全。拥有200米环形标准的塑胶跑道，标准篮球场等。所有课室和功能室都配有多媒体电教平台，按照广东省一级学校要求配置。2019学年有学生1 210人，28个教学班（其中1个是特殊教育班），教职工81人。

　　学校创办于1952年，原名叠北小学。1990年易地重建，更名为叠滘第二小学，岭南画派大师关山月书题校名。2018年9月更名为桂江第三小学。

　　学校不仅历史悠久，还有大串荣誉傍身：中国500强小学之一，广东省一级学校，全国体育传统项目学校，中国青少年素质教育研究基地，国家级"十一五"规划重点课题实验示范学校，全国心理健康特色学校，佛山市规范化学校，佛山市共融校园建设基地，佛山市德育示范学校，佛山市第一批心理健康特色学校，南海区首批文明校园，南海区首批互联网+教学范式研究基地、男足女舞课程开发建设标杆学校，桂城街道中小学衔接工作先进单位，等等。

　　1952年至1990年，借着教育发展的春风，学校开始腾飞。学校开展的武术、龙狮、健身腰鼓形成了鲜明特色，在市、省、国内都有一定影响，武术队、龙狮队在国内外比赛中多次获奖。1998年，学校少先队仪仗队代表佛山市在禅港青少年交流营上表演花样操，2004年学校被评为"广东省一级学校"，2005年学校健身腰鼓队出色完成亚洲艺术节、南海区运动会开幕式、广东省体育嘉年华等大型活动表演任务，受到广东省体育局、佛山市人民政府、南海区人民政府的表彰。2006年3月，广东省中小学心理健康教育现场会（分会场）在学校举办，引起了佛山教育界的观注。2011年学校凭借在田径项目上的传统优势，获得"国家级体育传统项目学校"，成为佛山市首个获此荣誉的学校，当时全省也只有5所学校获得了此项荣誉。

2014年，桂江第三小学确立慢教育核心理念，做好传承与发展，提出"仁爱、智实、尚善、立品"系列教育口号。"教育是慢的艺术。"桂江第三小学现任校长李利娟表示，教育不可"浮躁、功利"，需回归、尊重教育规律，关注教育细节，引领学生走稳人生的每一步。

学校为进一步提炼乡土文化，探索特色发展道路，努力打造"特色+优质"品牌学校，特制定特色品牌发展规划。

学品项目组通过对大量的文献资料分析、校内外地域资源考察、专家听课、师生家长访谈和问卷调研等方式，在学校慢教育文化主题上做出品牌定位发展的分析，并根据分析结果做出相应的规划，给出一系列的建设策略。

桂江第三小学慢教育定位品牌文化发展SWOT分析：

表1 慢教育定位品牌文化发展SWOT分析

优势（S）	劣势（W）
1. 地理环境优越（经济区、区域进行教育均衡优质化）。 2. 文化底蕴较深厚，多年办学经验，有体育、德育心理特教等特色办学成果。 3. 有老中青师资队伍，教师对学校办学理念认同，有专业发展的需求。 4. 家长、社区和各职能部门对学校工作较为支持与配合。	1. 慢教育提出的理由不充分，区域文化基因挖掘和匹配度不够。 2. 内涵阐述不到位、不成体系。 3. 慢教育为品牌主题，字面辨识度不高，要做出独到的内涵阐释不容易。

机会（O）	威胁（T）
1. 慢教育强调厚积薄发，可发挥学校原有的体育优势、延续无痕德育等。 2. 以慢教育为主题可做出回归教育本质的品牌样板。 3. 慢教育可凸显家校合作优势、教师队伍扎实的能力。	1. 慢教育如何与区域文化融合，如何与儒学、武学等当地文化特色融合。 2. 慢教育如何同时彰显体育、德育特色，"文明其精神，野蛮其体魄"口号使用得牵强。 3. 以慢教育为主题建构的"一训三风"顶层文化，如何彰显学校特色，提高辨识度。

一、慢教育提出的理由

（一）从社会教育现状分析

慢教育是在社会呼吁去浮躁功利心的背景下提出的。

当下教育浮躁的弊端比比皆是，究其原因，社会自工业革命大步迈进数字化信息化时代，机械生产让生活更便捷，让人们从各种烦琐的劳动中抽身出来，有更多的时间去享受生活。然而，这些工具虽然给人们带来了很多方便，但人们的生活并未因此过得闲适、从容。相反，大多数人们处于一种超负荷、疲劳和紧绷的状态。因为普遍的物质主义影响了人们的价值观，人的物欲被刺激放大，为满足私欲而尽力攫取更多的社会资源。社会竞争也因此变得更为残酷、激烈。社会就像一个高速运转的机器，在欲望的推动下，人人都在超负荷运转。这样造成的结果是，人们凡事求"快"，重效率、看成绩，学校教育也常常漠视儿童的真正需求和创造性思维。

桂江三小深知"欲速则不达"的道理，即在浮躁求快的教育中培养出来的学生，无论分数高低，真正具备的学习能力必然是有所缺失的。反思教育的弊端，桂江三小教育团队积极探索出路，提出做静待花开的慢教育，以期对治社会求"快"功利心，培养出一批符合时代需要的高素质学子。

（二）从地缘文化分析

慢教育是从学校所处的周边地域文化孕育出来的。

桂江三小地处佛山市南海区桂城街道叠滘乡，这里别名"双溪"，是一座历史悠久的古乡，与历史名镇佛山一衣带水，尽得天时与地利。

常言道，"一方水土养一方人"，叠滘是水乡，叠滘人依溪建村，绿树森秀，小桥流水，生活得悠慢闲适。

《叠滘乡志》有言："……（乡里）有128姓人，长期共存共荣；包容并蓄，和睦相处，互通婚嫁，友好往来，凝造成'叠滘同姓皆兄弟，乡里多是姻亲人'的宗亲夙缔，桑梓情怀。"叠滘乡形成了一种注重传承、甘苦与共、温润友善的独特水乡文化。

水乡文化孕育出了桂江三小师生不骄不躁的平和品性。生活在不贪求过多利益、悠闲缓慢的环境里，人们就能静下心来思考与探索教育的真谛，精打细造慢教育特色学校文化。

叠滘是水乡，同时也是书乡，民淳俗厚，人文荟萃。叠滘人注重教育，知书达礼。

《叠滘乡志》记载叠滘在南宋时就建立书院，传道授业，教育弟子。"明隆庆四年，倡建叠溪社学。以后，相继建立协文书院、叠滘书院、培风社学。到了清代，家塾和私塾遍及全乡，有冠名的专门教学场地就有10多间。……乡中其余私塾，虽不尽是名宦宿儒，但都是文义通晓、行仪谨厚，深受乡人敬重的老夫子。弹丸之地的叠滘乡，其时人未足万，竟有如此之多的教育场地，可见其一向崇文教化…"此外，叠滘教育成绩也是硕果累累，人才辈出：有明代积极推行"一条鞭法"的庞尚鹏，还有清末民初为我国获得国际体育比赛第一枚金牌的田径运动员陈彦。

《清·叠滘八景》《叠滘十馨》记录了叠滘乡深沉而厚实的人文历史底蕴，记录了叠滘乡知书达礼的道德风尚，此优良乡风代衍传承，久盛不衰。

今天的桂江三小慢教育既是应运而生的品牌定位，也是承载古乡文化的源流，慢教育在双溪之畔流淌，化育英才后代，回报祖先恩德并造福社会百姓，维系叠滘一缕千年乡情。

（三）从学校校情分析

从桂江三小七十多年的办学历史经验和今天各方面资料里，可见学校一向致力于传承与发展传统文化，遵照"以人为本，和谐发展"的理念，摒弃"竞争式教育"，力求回归到尊重教育规律的慢教育中，力图引领学生走稳每一步。

学校自2014年以来，开展并贯彻沉淀式的、注重过程体验的特色项目，构建了五大校本课程，分别是："德之无痕"（德育特色）、"动之体健"（田径、足球、跆拳道、击剑、跑操、大课间等）、"融之大爱"（特殊教育指导中心）、"韵之墨香"（书法、绘画、文学社）、"律之形美"（女舞、乐器进课堂等）。

1. 德育管理方面体现"润物细无声"的慢教育特色

学校创新提出"慢教育+德无痕"模式，通过建立学校、家庭和社区三位一体的德育网络，开展常态化、主题化、个性化、社团化的德育特色活动，让学生在生活与亲身参与的实践活动中感悟、反思自己的行为，追求自己的理想，并将道德知识通过实践内化成道德品质。习惯的养成、思想的培养，是一项慢工程，学校德育管理不仅形式多样，而且拓宽了"家校"建设桥梁，推动了叠滘传统文化发展。"德之无痕"是一种缓慢、渗透式的教育方式，这种教育方式注重学生的行为规范、养成教育，以此来夯实学生的品行。

2. 体育特长培养方面，用卓越的竞赛成绩彰显"厚积薄发"的慢教育魅力

首先，在课程项目方面，桂江三小作为"全国体育传统项目"学校，田径运动是传统特色项目，学校历来注重体育教育，培养学生的体育兴趣。学校的田径队曾多次在桂城街道、南海区网点赛及佛山市传统项目学校的田径类比赛中获得前三名的好成绩。其次，在师资方面，学校体育教师各有专长、训练有素，有教育教学经验丰富、专业能力出众的骨干教师，也有充满活力锐意创新的新教师。如彭启溢，在田径项目训练中有一套独特方法；古玖新的专长是足球教学；2016年南海区招聘的李波是跆拳道专业毕业，等等。叠滘乡是体育文化发达之乡，学校周边有丰富的龙舟、武术等教学资源。体育运动锻炼了桂江三小学生的意志、信念、秩序感，沉淀成极具魅力的慢教育的内涵之———厚积薄发。

3. 特殊教育指导中心实现"因材施教"的慢教育初衷

一个文明、和谐的社会，公益活动必然是深入人心的，教育必然能温暖到先天条件各不相同的人。桂江三小特教班是区教育局在桂城街道设立的一个特殊教育教学点，开办于1993年，面向桂城街道招生，保障了特殊学生在义务教育阶段的学习。学校开设了"康复训练社团"，在社团活动中，教师根据孩子的身体、认知的不同情况，制订了"个人发展计划"，手把手地训练孩子，让孩子们享受到了"因材施教"的教育。要做到"因材施教"并不容易，这需要教师了解学生的特点，根据学生的特点进行有效的教育。特殊孩子，大多在智力方面存在缺陷，让他们学会一些常识性的知识，需要花费时间和精力，特殊教育，注定是一种慢工出细活的慢教育。

其他如书法、舞蹈等才艺培养方面，同样是以不骄不躁的态度去实现"放慢教育步伐，锻造品质人生"的教育意义。桂江三小笃实而从容的慢教育探索，让学校文化的柔软"内核"受到保护，不为功利风气所侵害，形成自己独特的、有辨识度的品牌。

（四）从品牌标杆意义分析

世界教育正在发生革命性变化：以学习者为中心，注重能力培养，促进人的全面发展，全民学习、终身学习、个性化学习的理念日益深入人心。世界教育模式、形态、内容和学习方式正在发生深刻变革。

今天的教育是面向未来的，要能承担实现中华民族伟大复兴的历史使命，其中慢教育自然也有同样的使命。中国传统文化，讲究道法自然，教育要重归传统文化，其中很重要的一点就是要尊重人的生长规律、懂得循序渐进。世界教育下的"中国模式"发展新目标之一是确保包容、公平和有质量的教育，这将促进全民享有终身学习机会，终身的学习，将是一个持续的、漫长的过程。建立慢教育为主题的品牌文化，顺应了时代呼吁教育回归本真的趋势，具有传达社会正能量的品牌标杆意义。

二、慢教育的内涵阐释

在教育领域里，慢教育并不是一个罕见词，它之所以可以作为桂江三小的品牌文化主题词，是因为它在适宜的文化土壤中生长出来，与学校文化的匹配度高，能融入学校教育的方方面面，切实影响和改变每一个教育者和受教育者的身心。桂江三小的慢教育，有以下教育内涵阐释。

（一）慢教育的意义

古语常说，欲速则不达。桂江三小的慢教育是在针对教育普遍浮躁功利的背景下提出来的，是欲达至而缓速、以退为进、以四个"回归"来扫清前行的障碍的教育。

首先，慢教育是回归正常规律的教育，不做"拔苗助长"的事，在因材施教中关注生命的成长规律。其次，慢教育是回归平实的教育，教师实实在在地教，学生实实在在地学。再次，慢教育是回归全面的教育，不以分数论英雄，全面提高学生素质。最后，慢教育是回归生命的教育，让每个学生和教师厘清物我的关系，做格物致知之功，内观自我，体察内在生命需求；外观他物，体察外界的生命关系。

（二）慢教育的特征

1. 慢教育是强调过程的教育

相对于只看结果，缩短过程，向"快"看齐的功利性教育，慢教育品牌文化下的一切教育活动表现为"强调过程"，强调过程有三个关键词：体验、反思、领悟。引导学生体验学习过程，反思学习结果，领悟学习意义。让学生在上一次的体验、反思与领悟过程中得出经验，带动下一次的学习。过程学习只有过程，没有一劳永逸的结果，教师引导学生把学习变成一件没有止境的挑战活动并且乐在其中，让学生在不断地内省中突破原来的局限，领悟到学习的真谛。

学习活动只有有了"体验"，才能够有所收获、反思和领悟，这区别于"填鸭式"教学方法、区别于"死记硬背"式的学习方法、区别于"说教式"的道德培养方法，要让学生在学习过程中有所"体验"，这对教师的"教"提出了更高的要求。在课堂上，教师要设计出更好的教学内容和环节，能吸引学生融入其中、乐在其中，照本宣科式地偷懒教法肯定不行。对于小学阶段，尤其是低年级的学生，可能更多要在课堂教学中设计活动式甚至带有游戏感的教学活动，这对教师的专业素质是一种挑战。而慢教育真正在课堂落实以后，将引领桂江三小的教师专业素质的提升。"强调过程"的慢教育，也是符合循序渐进式的教育规律。

正所谓"百年树人"，教育非一日之功，尤其要到达一定的正面教育效果，不管是学生还是教师，都需要长期的日复一日、年复一年的坚持，是一天一点进步，点点滴滴积累起来的，是一步步向上的、踏实的前进过程。这个过程，也锻炼了学生的毅力和意志。

2. 慢教育是深度参与的教育

考核方式单一的应试教育，导致学生对学习活动参与度不够或缺位，浮于表面。学生学习在很多时候变成了应付考试、提高分数，考完可能就万事大吉、把知识还给了教师。慢教育反其道而为之，要求学生深度参与到每项学习活动中，慢慢掌握知识要点、锻炼逻辑思维能力、提升自主思维的能力……关于学习的十八般武艺，都要在学习过程中得到锻炼和提升，这需要下工夫，需要时间和精力，不可一蹴而就。慢教育的参与方式之一就是要求在课堂上，学生能做到动脑动手、动眼动耳，教师能引导学生去深入学习，同时，能运用抽象的知识道理解决具体的生活问题，反哺生活。总的来说，鼓励深度参与的目标是让学生真正地懂，最后实现学以致用、知行合一。

3. 慢教育是成人成事的教育

慢教育的成果就是精品，如精品教研成果，输送精品人才。慢教育让教育者静心思考教育的三个终极问题：为谁培养？怎么培养？培养怎样的人？而慢教育关于"培养怎样的人"有自己的答案：在厚积薄发的教育中培养出能适应生活并能为社会做出贡献的人。当学校里的师生具备了以下几种精品特质，就说明慢教育的品牌打造是成功的：人人内心充盈，外在从容；内心安宁，外在亲和；做事耐心细致、沉稳从容，做人自信优雅、简单有序。

需要指出的是，慢教育不是拒绝"效率"。慢教育也是注重效率的，它是慢中见稳、慢中见效，它相对于功利性的教育、浮于表面的教育，慢教育指出教育是一个长期的、终身学习的过程，能让自己不断前进、不断提升的过程。

桂江三小的慢教育是在新时代下另辟蹊径、以退为进的教育，具备了"回归正常、回归平实、回归全面、回归生命"这四大教育意义，并拥有"强调过程、深度参与、成人成事"这三大特征。

三、慢教育顶层理念体系

（一）办学理念：慢教育，好人生

桂江三小原办学宗旨是"教育人生，慢慢品味"，确定慢教育的品牌定位后，学校将办学理念提炼为"慢教育，好人生"。新的办学理念为的是强调慢教育对人一生的重要性，指出师生的成长可以福荫至一个家族的发展、一个民族的兴盛。

无论时代如何快速变化，教育都不能图快，磨刀不误砍柴工，慢工才能见精品，慢教育才能实现"好人生"。

孩子的成长能拥有多开阔的天地，取决于学校教育者对教育的理解有多开明。越慢的教育，越需要教师按捺住寂寞，源源不断地付出耐心和热情，在学生正常成长的道路上，不设限不催迫，只适时地点拨助力，让每颗心灵慢慢成长，往深处扎根，向高处发展。教育总设计者坚定地贯彻慢教育理念，最终只是为了师生人人都自由地获得"好人生"。教师静心教书，学生安心求学，人生路上慢慢走，沿途风景细细品。

（二）育人目标：用慢教育滋养出心灵温柔而有力量的人

上善若水，至柔无损。慢教育是至静至深、至柔至善的教育；慢教育是润物无声的滋养式教育，教化出内在圆融、行事有方的人。

相对于功利性教育培养出来的能力单一而素质不全的学生，慢教育滋养的是新时代需要的高素质人才。

像千年叠滘水乡人温柔坚韧的气质一样，学校培育出来的全面发展素质型人才，无论处于何种际遇，都有一股温柔而强大的心灵力量，能用这份心力去应对人生一切起伏。

所以，心灵温柔而有力量的人，可以表现为：内心充盈，外在从容；内心安宁，外在亲和；做事耐心细致、沉稳坚定；做人自信优雅、简单有序。

在学校各方面的努力下，培养心灵温柔而有力量的学生，方能彰显慢教育的特色，体现出学校的特色品牌。

（三）校风：慢工蝶变，品正惟功

校风是学校的风气，是学校慢教育精神文化的整体展现。

融合慢教育探索出的育人目标、原来使用的"慢品"一词、以及静水深流的叠滘水乡文化特点，演变成"慢工蝶变，品正惟功"的校风。

慢工蝶变，工有粗工，亦有细工，工序越细，过程越慢。教化工夫深藏茧子内，时机一到自然破茧而出，翩跹蝶变。万万不可求速而人为坏茧，伤其慧命。

品正惟功，正者，真也，精求的人品是不偏不倚、正大不阿的。"惟"字说明，欲得正品，精勤以外别无他法。慢教育就是要戳穿一切投机妄想，明明白白告诫学生人生没有捷径走。

桂江三小的校风，要呈现出人们真诚的精神风貌，无论教师还是学生，都是以扎实的态度去对待学校工作与学业的，不偷工减料，不投机取巧。因为"慢工"最终会有"精品"做检验。一切慢工都是为了达成蝶变蜕化的教育成果，所以慢教育要有明确的育人目标，以精湛的德品、学品、技品成就精品。

所谓功业可以慢成，但所成必是精正之品。

（四）教风：慢润时光，水滴石穿

教风反映教师的态度作风，展现慢教育在教师群体中的作用。

随风潜入夜，润物细无声。教育不是粗暴灌输，而是温柔润泽。有耐心、有爱心的教师"愿意等上一辈子的时间，让他从从容容地把这个蝴蝶结扎好，用他五岁的手指。"因为孩子是一个人，所以教师要用待人的方式去对待他们；但孩子是一个未成熟的人，因此，教师不能用对待成人的方式去对待他们，他们需要教师付出更多耐心。慢教育的教师不浮躁，懂得悦纳教育中的一切，无论顺境还是逆境，都可以驻足时光滋润他人，会懂得常说"孩子，你慢慢来。"

慢润时光的水滴，持之以恒就能穿透顽石，开出芬芳花朵。

（五）学风：慢耕有恒，铁杵成针

学风反映学生的精神风貌，体现慢教育对学生风貌的影响。

教师与学生是上行下效的关系，学风与教风相呼应，教师以智慧甘露慢润学生心田，学生应当勤勉，自力耕耘。学风延续学校过去"厚积有恒"的学风，学生慢耕有恒。《易经》"雷风恒"象辞有言："恒，久也。""圣人久于其道，而天下化成。观其所恒，而天地万物之情可见矣。"王阳明曾训诫弟子，立志要趁早，要远大，要全力以赴。学者当于幼时立圣人之志，恒常志心，精进有为。

只要功夫深，铁杵磨成针，慢教育下的学风正应如此。

（六）校训：道法自然，静待花开

校训面对的是学校全体师生，学校要以简短的一句训诫让所有人牢牢记住，自己正在践行的是慢教育。

中华民族的智慧若以一言而概之，当属"道法自然"四字。《道德经》有言，"人法地，地法天，天法道，道法自然。"

人们常常为达目的不择手段，教育急于求成就会揠苗助长。工于心计终是徒劳无获，返璞归真始见真如大义。"道法自然，静待花开"，因为法法平等，莫不归于自然；有教无类，终是静待花开。

诸葛亮以《诫子书》教导儿子"非淡泊无以明志，非宁静无以致远。"可见，对受教育的儿童而言，锤炼心力就是为一生的事业打根基。学生负笈从师不辞艰难，到学校接受教育，是为实现自己人生的远大目标做准备。求学问道者，心法自然，道业自成；宁静致远，便可静待花开。

要回归农业式的教育，精耕心田，就要懂得抛弃造作的功利欲望，如理如法地做事。无论是对施教的教师，还是对受教的学生而言；无论是面对别人，还是面对自己——"道法自然，静待花开"都可以是每个人一生的课题。

如果每位教师能在慢教育的校训下，活出一种豁达、淡定和睿智，那些幼稚的孩童必然能从教师身上汲取出无穷的力量，成长为一个处事不惊的强者，拥有效法天地自然运行的智慧，去处置未来一切变幻人事，从容静待岁月花开。

总结如上内容，学校的顶层理念体系图可显示如下：

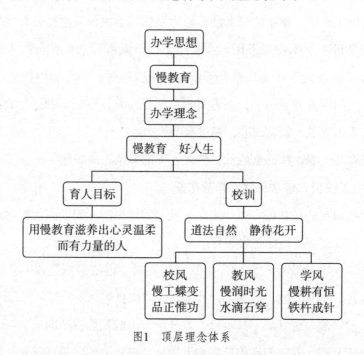

图1　顶层理念体系

四、慢教育操作系统构建策略

（一）课程系统的构建策略

1. 慢教育课程三大特征

根据慢教育"强调过程、深度参与、成人成事"的三层内涵，延伸出慢教育课程的三大特征：自力慢耕、他力慢润、功业慢成。

教育要靠自主自力，也要有他力扶持，只有在自力与他力共同作用下才能成就功业。

"自力慢耕"是在学习过程中给予学生充分的思考空间，慢慢耕耘。教育是慢的艺术，只有让学生慢条斯理、不疾不徐地体验整个过程，才算是让"学习"真正发生。

"他力慢润"是指学生经过独立思考而产生问题时，教师或同学进行扶持帮助，对疑问的人加以点拨，给予助力，推动学生进一步探究知识和成长发展。慢教育的总设计师根据学生的不同需求，以问导学、应机设置多样化的特色课程，这正是"他力慢润"的体现。"慢润"是一种层层渗透的无声教化，教师言传身教恰如春风化雨，润物无声方显造化无穷。

"功业慢成"是指教育不能预设结果，更不能强求结果。慢教育研究开发适合学生终身发展的、一生幸福奠基的课程。所谓"慢工出细活，久久方为功"，慢教育的课业不追求一蹴而就的成功，而是将学习与生活密切联系起来，慢慢渗入，成就学生的精品气质。

慢耕慢润，大智若愚；慢工慢成，大器晚成。慢教育要造就的是能适应时代发展、能学以致用的素质型人才。

2. 慢教育课程具体架构

（1）慢教育课程目标

表2　慢教育课程目标

课程类型	课程目标	对应核心素养	对应慢教育特征
学科类根基课程	立志勤学	科学精神、人文底蕴	
德育类实践课程	忏思明礼	立德立品、责任担当	自力慢耕
体艺类活动课程	尚美弘毅	坚毅自强、审美高雅	他力慢润
生活类延展课程	回归生活	珍重生命、健康生活	功业慢成
附：家长学习课程	（家校共育亲子互动）		

（2）慢教育课程体系

表3　学科类根基课程

国家课程 学科分科课程	国家课程 学科综合课程		地方课程
	综合学科课程	学科活动课程	
语文	体育与卫生	语文活动周	语文：蝶韵文学社 英语：电子书包 美术：剪纸、书法
数学	品德与法治	数学活动周	
英语	综合实践	英语活动周	
一	艺术	研究性学习	
	科学	信息技术	

表4　德育类实践课程

慢教育实践课程 （必修）		队干成长性课程 （选修）
年级	主题	
一年级：亲近自然，慢养朝气	阳光健康、良好行为习惯养成教育、爱学习	团队凝聚力课程 （班级文化建设） 工作能力课程 （小干部管理） 综合实践能力
二年级：熏习传统，静养灵气	感恩孝德、敬畏生命、友善、诗书儒雅	
三年级：学习国防，涵养骨气	爱国、自信、有担当、耐挫折	

慢教育实践课程 （必修）		队干成长性课程 （选修）
四年级：研读家乡，长存志气	爱家爱乡	
五年级：了解规则，初显正气	自律、理解教育、诚信	—
六年级：立志高远，胸怀大气	励志、理想	

注：周边资源

家校结合：公益课堂、上门家访、关爱进村居、亲子活动等。

社区资源：小候鸟驿站进学校、南海讲师团进课堂、读书驿站、春游、秋游、义工、挥春、义卖等。

表5　慢教育特色体艺项目

项目分类	大课间/社团	小舞台
人文类研究性课程	小广播员、小记者、经典诵读、话剧社、配音站、语言艺术	—
科技类研究性课程	"詹天佑杯"青少年科技创新大赛、废物利用、创客	—
艺术类研究性课程	葫芦丝、舞蹈、小合唱、口风琴、陶艺、摄影、书法、剪纸	—
体育类研究性课程	田径、足球、篮球、花样跳绳、乒乓球、游泳、击剑、跆拳道、毽球等	竞技类活动基础技能学习；传承传统文化：叠滘龙舟漂移、舞狮文化、武术精英、十番锣鼓等。
劳作类研究性课程	礼仪普及、小导游等	—

　　《广东省加强学校体育美育劳动教育行动计划》（以下简称《行动计划》）的印发，对加强学校体育工作、美育工作、劳动教育提出了33条具体措施。桂江三小作为佛山首家"全国体育传统项目"学校，田径运动是传统特色项目，学校的田径队曾多次在各级别的比赛中屡获佳绩。学校体育教师各有专长、训练有素、教育教学经验丰富。同时，叠滘乡是体育文

上篇　慢教育　融发展综述

化发达之乡，学校周边的龙舟、武术远近闻名，有丰富的教学资源。学校历来注重体育教育的普及，培养学生的体育兴趣特长，在慢教育品牌发展规划中，设计的学校体育、艺术课程，不仅继承发扬了中华优秀传统文化，还把地域文化中的体育资源融入课堂教学中，一如既往地突显了学校的体育特色项目，这既夯实了学校慢教育内涵，又切合了《行动计划》的要求。

表6　生活类延展课程

校园生活课程（选修）	校外生活课程	
	家庭生活（选修）	社区生活（选修）
饭堂值周班管理员	生活基本能力教育	环保志愿者
校园文明岗	人格心理健康教育	敬老志愿者
广播站管理员	日常生活管理教育	宣传志愿者
图书管理员	时间规划管理教育	新技术普及志愿者
班务管理员	寒暑假自我管理教育	新应用普及志愿者

表7　家长学习课程

校级层面	年级层面	班级层面
亲子阅读、亲子才艺、亲子烹饪、亲子见证、亲子游园、亲子公益	一年级：幼小衔接，《如何度过幼小衔接期》	了解桂江三小慢教育顶层文化、班级亲子活动、家长进课堂、家长道德讲堂、亲子沟通讲堂、亲子关系讲堂等针对班情开展的家长学习课程。
	二年级：观念冲击，《富养？穷养？关于中国家庭教育的思考》	
	三年级：本真探寻，《教育的本真》	
	四年级：有效沟通，《与孩子高效能沟通》	
	五年级：面对叛逆，《如何面对叛逆期的孩子》	
	六年级：升中准备，《做一个优秀的毕业生家长》	

（3）完善慢教育课程评价体系，全过程全面育人

表8　慢教育课程评价体系

育人目标	评价纬度	生评	师评	家长评
滋养出心灵温柔而有力量的人：内心充盈，外在从容；内心安宁，外在亲和。	层次性：国家课程、地方课程、校本课程层次清晰，必修、选修课有针对性，能覆盖全体学生的同时也能满足培优的需求。	很好☆☆☆☆ 一般☆☆☆ 加油☆	很好☆☆☆☆ 一般☆☆☆ 加油☆	很好☆☆☆☆ 一般☆☆☆ 加油☆
	丰富性：覆盖学生德智体美劳各方面的素质要求，同时能兼顾家长和社区辐射的需求。	很好☆☆☆☆ 一般☆☆☆ 加油☆	很好☆☆☆☆ 一般☆☆☆ 加油☆	很好☆☆☆☆ 一般☆☆☆ 加油☆
做事耐心细致、沉稳从容；做人自信优雅、简单有序。	独特性：能凸显学校的慢教育特色，同时有鲜明的地方文化特色。	很好☆☆☆☆ 一般☆☆☆ 加油☆	很好☆☆☆☆ 一般☆☆☆ 加油☆	很好☆☆☆☆ 一般☆☆☆ 加油☆
	参与性：学校大部分教师能自主地开发校本课程，同时能整合校外资源进入学校开设相关的课程。	很好☆☆☆☆ 一般☆☆☆ 加油☆	很好☆☆☆☆ 一般☆☆☆ 加油☆	很好☆☆☆☆ 一般☆☆☆ 加油☆
	成效：能达到育人目标的效果，某些特色课程能在区域形成一定的影响力，被学生喜欢，在家长中形成口碑，给学校带来荣誉，某些精品课程成为学校的名片课程。	很好☆☆☆☆ 一般☆☆☆ 加油☆	很好☆☆☆☆ 一般☆☆☆ 加油☆	很好☆☆☆☆ 一般☆☆☆ 加油☆

（二）课堂教学的构建策略

慢教育有"强调过程、深度参与、成人成事"三层内涵，慢教育课程具备"自力慢耕、他力慢润、功业慢成"三大特征，因此，学校特色课堂教学建构策略也是在以上内涵阐释中发展的。

1. 理解慢教育课堂理念：自主、合作、探究

在慢教育课堂上，"自力慢耕"就是引导学生因质疑而探究、发现，促进学生进行主动的、个性化的学习，实施自主、合作、探究的学习方式。

"他力慢润"就是教师的角色必须从知识的传授者向学习的参与者、促进者转变。教师应该给予学生一定的权利和自由，在学习内容、学习时间、学习伙伴、学习方式等多方面给予学生选择的机会，教师还应当按照学生的反馈及时调整教学内容及方法。

欲速则不达，慢教育不求速度，但讲究态度。课堂要"成就精品"，就要相信"功业慢成"，静待花开。

根据项目组观课调研与学生问卷调研分析，了解到桂江三小课堂教学方式较为灵活，家长与学生的好评度都较高。超过80%的家长觉得桂江三小的教育平实而且优质；超过80%的学生表示教师通常采用的教学方法是鼓励学生多发言、亲自指导与学生小组合作方式相结合。可见桂江三小的课堂教育影响力是切实而深刻的，是慢教育理念的最佳写照。

您觉得桂江三小的教育如何？（　　　）［单选题］

选项	小计	比例
A. 平实而且优质	629	81.90%
B. 普普通通	130	16.93%
C. 不知道	9	1.17%
本题有效填写人次	768	

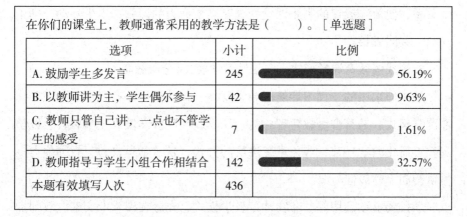

在你们的课堂上，教师通常采用的教学方法是（ ）。［单选题］		
选项	小计	比例
A. 鼓励学生多发言	245	56.19%
B. 以教师讲为主，学生偶尔参与	42	9.63%
C. 教师只管自己讲，一点也不管学生的感受	7	1.61%
D. 教师指导与学生小组合作相结合	142	32.57%
本题有效填写人次	436	

图2　学生问卷调研

2. 营造慢教育课堂氛围：平实、互动、理解

如前所述，慢教育是一种回归平实的教育，教师实实在在地教、学生实实在在地学。根据项目组对家长的问卷分析，超过80%的家长觉得桂江三小的教育平实而且优质，在慢教育的引领下，这种优良的教风、学风应该在课堂上得到延续和深化。教师的教学，没有太多的花架子，没有哗众取宠的地方，关键是能根据学情，落到实处，让每个学生都能在课堂里学到该学的知识，同时，能启发学生去思考、体验、探索、合作。这就要求教师对学情掌握清晰，对每一个教学环节的设计、每一个教学内容的设置都要有针对性，都要目标精准，都要经过精心准备、深思熟虑。

慢教育是一种深度参与的教育，课堂上，不管是教师还是学生，都能融入课堂氛围中，形成一种良好的互动关系。同学关系和谐，能彼此鼓励，激发向上学习的力量、启发智慧。慢教育下的学生，能摒弃恶性竞争带来的自私、嫉妒等负面情绪，学会欣赏对手、互利共赢，在学习中不断肯定自己并帮助别人，达到共同进步的目的。慢教育引领下的教师，在课堂上能充分尊重学生、公平对待每一位学生，允许学生有自己独到的见解和质疑，给学生自主探索的空间。正因为此，慢教育引领下的课堂，生生、师生之间，能互相理解。师生之间，从心灵走向心灵，建构和谐的师生关系，使墨守成规的紧张课堂变为充满生命力的课堂，生生互动、师生互动，共同成长。

3. 形成慢教育课堂形式：非线性教学模式+分层教学

学校原采用的"预习导航—导学反馈—归纳积累—布置作业"的非线性课堂模式，是符合慢教育理念的。"非线性"教学模式先学后教、以学定教；简化教学环节、淡化系统讲解的方式，是"学生自力、教师他力、慢耕慢润"的最佳写照。

学校要继续利用好"非线性"教学模式，充分在课堂上实施。教师加强分层授课、分层练习和分层辅导，从有的放矢的分层教学入手，使学生获得精准的帮助。

为了在同一进度、同一内容的学习中，使学生达到不同的要求，教师应采用合理的教学方式，讲授时可增加提问次数，尽量照顾到快、中、慢三类学生。在教学中，可以实行低起点、多归纳、勤练习、快反馈的课堂教学方法，注意评价的及时性、公正性、激励性。

对练习、作业的设置要分层次、有梯度，将题目以难度为标准分层，布置给各类型的学生，有效维持不同层次学生对学习的积极性。让各类学生经过努力或辅导，都能独立完成任务，可以体会到成就感。

另外，南海区一直是广东省乃至全国教育信息化应用的先锋区，早在2017年6月，南海更是成为广东省首个"互联网+教学范式研究"实验区，而桂江三小是南海区教育局首批互联网+教师范式研究基地学校，在课堂上运用电子书包进行教学，这种智慧课堂如何进一步运用、推广，持续发挥其功效，这也值得学校在未来进行探索。

4. 加强慢教育课堂管理：提高学习过程的管理力度，外慢内严

慢教育是为了让学生更从容沉稳、更深入全面地去探究知识，而非为懒惰的人"怠慢"提供借口。所以慢教育的课堂，不是慵懒的，而是要提高学习过程的管理力度，培养外慢内严的学习节奏感。

五、德育系统的构建策略

"立德树人"是新时代教育的根本任务。慢教育让教育者精心思考教育的三个终极问题：培养什么人？怎样培养人？为谁培养人？基础教育阶段是奠定人生根基的重要阶段，慢教育培养的人才要三观正确、德行高尚、个性丰富、性格稳健、情趣高雅，能熟练掌握和运用中华民族优秀文化，不断增强创新意识和创新能力，德智体美劳全面发展的社会主义建设者和接班者。在慢教育引领下的桂江三小，其德育系统具有"全面、分级、慢润、融爱"的特点。通过六年不同主题的必修"慢教育实践课程"以及各年级的班级文化建设，循序渐进地让桂江三小的学生部分达到"社会主义建设接班人"所需要的素质，为今后进入中学后的学习和品格修养打下良好的基础。

（一）不断优化、完善慢教育德育课程

慢教育德育课程有赖于教师在实践中，结合学生的反馈和德育效果，不断地反思、优化，逐渐地完善。

（二）加强慢教育特色班级文化的建设

1. 紧扣文化主题，遵循年龄规律

学校的文化主题是慢教育，班级文化最好能紧扣慢教育的文化内涵，凸显慢教育的理念统领作用。

慢教育德育课程的"自力慢耕"，在不同年级的班级应该呈现与学生年龄相应的特色，如低年级的学生，"自立"是关键；对于中年级的学生，培养其"自信"是重点任务；到了高年级，"自律"的形成非常重要。

慢教育的德育作用是"无痕"的，也就是"他力慢润"，像水润泽大地一样，润物育人无声且无痕。

建议一年级至六年级，分别设定慢教育下的主题，各个班级再根据年级主题设计班级特色主题。

表9　年级主题设计

年级主题	一年级	二年级	三年级	四年级	五年级	六年级
学生慢耕	自立	自爱	自信	自强	自律	自尊
教师慢润	良好习惯 无痕养成	感恩孝德 无痕教化	责任担当 无痕点拨	安全教育 无痕警训	规则教育 无痕提点	衔接教育 无痕助力

2. 建设书香班级，阅读教育紧扣慢教育

根据项目组观课调研与对学生问卷调研分析，了解到桂江三小的学生普遍都有课外阅读的习惯，超过90%的学生每天都会花时间做课外阅读，但阅读时长大部分只是半小时至一小时（见图3），学校可以进一步做好大阅读教育。紧扣慢教育主题，结合上述的班级系列特色德育主题，加强课外阅读的辅导，打造书香班级。

构建慢教育书香班级可以从以下几个维度做思考：

（1）重视环境育人，创造适宜阅读的班级环境，让教室成为随时随处都可以自由阅读的场所，师生目之所及都是书本，心之所念皆是阅读。

（2）倡导家校互动，形成社区读书链。学校教师帮助家长为学生努力营造书香家庭氛围。

（3）除以上时间、空间的维度，还要在组织群体上想办法，引导人人培养起阅读习惯，慢慢把阅读教育做深做透。教师设立读书会，学生设立读书会，家长设立读书会，通过不同主题、不同层面的群体阅读方式，将阅读思考做成人人参与、深度参与的学习活动。

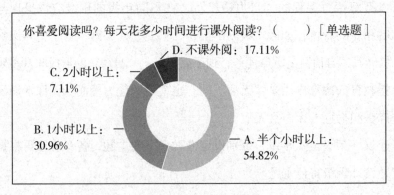

你喜爱阅读吗？每天花多少时间进行课外阅读？（　　　　）［单选题］

D. 不课外阅：17.11%
C. 2小时以上：7.11%
B. 1小时以上：30.96%
A. 半个小时以上：54.82%

图3　课外阅读调研结果

（三）慢教育统领引导融爱课程，发展心理教育与特殊教育

桂江三小是佛山市第一批心理健康教育特色学校，也是佛山市共融校园建设基地。现有28个教学班，其中一个是特殊教育班（南海区教育局在桂城街道设立的一个特殊教育教学点）。学校进行"融之大爱"的课程探索，课程内容包括：普特共融、爱心义教、感统训练。在慢教育主题文化的引领下，融之大爱课程可进一步完善内在管理系统。教师以无痕慢润的方式，对特殊学生导以健康、自信、向上的德育。

普特共融等课程是体现慢教育的最佳窗口。美国特殊教育有一个说法："如果通往知识的道路是楼梯，那么只有正常人可以走上去；但是如果你把这个楼梯改成斜坡，那么正常人和残疾人就都可以走上去。"这是一个特别重要并且伟大的教育理念，将它对应到桂江三小的慢教育中，就是时刻提醒人们：学校教育要体现公平，除了承认差异，更要懂得以平等统一的核心理念去面对一切学生——普通生、特殊生，他们都是在慢教育下自由成长的学生。

教育要学会道法自然，静待花开；要懂得尊重人人生而不同的自然规律；要明白教育的一切利益永远只是点缀在路上的风景。慢教育最终要实现的是，师生人人能以平等心去面对他人，面对纷繁复杂的环境，能以一颗温柔而有力的心力去应对人生的一切。

六、教师队伍的建设策略

教师承担着传播知识、传播思想、传播真理的历史使命。教师队伍是办好义务教育的第一资源，新时代提出做"四有教师"，桂江三小慢教育打造的慢润团队，教学相长，在学校营造"仁者气度、学者气质、智者气韵"师风氛围。"仁者气度"指的是慢教育引领下的桂江三小教师们，有着仁者宽宏的胸怀，善于理解学生、包容别人、心地淳朴善良、不急不躁、温和亲切；"学者气质"指的是桂江三小的教师们有着如学者般的儒雅、渊博的知识、钻研教科研的韧劲、毅力以及能力；"智者气韵"指的是桂江三小的教师们是一群有智慧的教师，在教学过程中，能迎难而上，有自己应对的策略和方法，教育学生不追求急功近利式的立竿见影，而是能沉住气，静水流深、静待花开，这需要一定的人生历练和品格的修养。

（一）以班主任工作室为抓手

班主任工作室是学校教师重要的研修共同体，以学习交流为主导，以班主任实际工作为主线，以提升班级管理能力和促进班主任专业成长为目的，以名师带动和指导为实施策略，进而激活教师队伍的潜能和动力。

1. 班主任专业能力的培训

集中开展主题班会课培训活动，针对班会课实践活动提出困惑，思考对策。在培训活动中，由各年级班主任代表为年级组上一节班会探讨课，活跃班会课研讨的氛围，提升班会课含金量。定期派送教师到教育先进学校、地区体验、学习，回校在培训活动中做专题分享。

2. 班主任实践水平的提升

以开展班会邀请课的形式，邀请骨干班主任开设研讨课，邀请名师到校听课指导，通过校内一课、专家引领，促进全体班主任班会课堂设计能力、实践能力、反思能力的提升。邀请学校品牌专家进行校本专题培训，提升班主任们的班级品牌意识、专业技能、资源整合能力。定期召开工作室会议，形式灵活多变，如读书沙龙、案例研讨、心得分享等。

3. 班主任工作室成果的推广

工作室线上线下共举，建立工作室微博、微信公众号、微信群，形成三位一体的发展模式，日常的活动主题、研讨结果放在网络上。将班主任班会课实践成果汇编成册，促进相互交流。进一步优化班主任工作室环境，为教师们提供一个舒适便捷的学习环境。

（二）以班主任实际工作为主线

1. 制度建设

建立桂江三小慢教育优秀班级特色文化建设评选制度和标准。

2. 行政手段

采取定期定项检查、全员参与评价、级组亮点展示、享受外派红利等手段。

3. 培训提升

提升培训效果，讲授与体验相结合，学与练相结合，案例分析与知识应用相结合。

4. 以赛促教

举办班主任基本功大赛、青年班主任技能大赛、班主任工作日志评比、最励志评语展示等竞赛评比，促使教师积极向上。

（三）以项目方式推动团队建设

1"师徒"结对

青年班主任和经验丰富的班主任采取学校方向性和教师结对辅导相结合的方式，尊重教师的意向，让"师徒"关系更为和谐，利于青年班主任的健康成长。

2. 慢教育与特色班级文化建设

发展慢教育下的特色班级文化的评比，如特色教室环境、班级LOGO、特色班训、特色亲子活动等的评比，在提升班主任带班艺术的同时也培养学生的集体荣誉感。

3. 成长档案式管理

学生的评价可以采取成长档案式的方法，教师也可以采用。每学期从德能勤等几方面对教师的评价、班级学生的反馈、行政工作的考核、科研的成绩、班主任工作的评估等各个纬度去搜集整理相关的资料，并利用信息化手段，进行每学期的调整。每一学年结束教师要对学年工作进行总结，每年进行积累，一段时期后，回头再看看，教师个人的职业成就感和幸福感会得到提升，对教师的未来发展会更清晰。

成长档案式管理，是未来展现慢教育的重要依据，因为慢教育的过程即是成果。教师成长档案式管理，不仅是一种管理方式，更重要的是慢教育对教师的评价方式注重的是过程评价。档案中的每部分内容，都有相应的评价细则，根据评价细则进行材料的搜集、等级或分数的评估。比如科研成绩，这学期该教师承担了哪个级别的科研选题，进行得如何，是否获得一定的奖项，有没有在教学实践中运用起来，效果如何，有没有对课题研究的深化和改进。根据这些纬度，对该教师进行评估，各部分分别设定总体评价的百分比，形成一个学期对该教师的总体评价。每个学期这样积累，多年以后，就能反映出教师的成长轨迹，也形成了一个长期的评价历史。

（四）做好家校沟通，减少教师调换变动

1. 做好家校沟通

项目组通过问卷调研和家长访谈了解到，普遍家长都很理解和支持学校各方面的工作，但对每个学期各年级、班级的教师频繁换岗表示不安，担心这样的变动会让学生难以适应并影响学习。

同时项目组也了解到，教师换岗原因主要是二孩政策放开后，许多教师抢闸生育，临聘教师多且流动性大，所以严重影响了教学秩序与教育教学质量。

面对教师队伍管理难，培养难，工作积极性、主动性有待提高的问题，学校擦亮慢教育的品牌文化，用慢教育的情怀去感染他们，让每位老师的心远离浮躁安住在当下，是一件势在必行的事情。

当然，也要切实解决好家校沟通的问题，除了尽量让面临升学的高年级学生和刚入学的低年级学生所在班级里的教师岗位稳定以外，也尽可能让家长理解学校工作，用从容缓慢的心去理解教育，相信一切教育行为顺其自然，必能开花结果。

2. 做好中层的建设

学校的中层，起着承上启下的作用。在小学，中层既要做管理工作又有教学任务。中层虽然重要，但不容易做，如何把中层建设好，是学校管理者需要动脑筋的事情。可以培养热爱教育事业的有潜力的年轻人，大胆

地进行提拔；也可以动之以情，用情感牌留住学校中层里的骨干力量。加强对中层培训的同时，也在可行范围内对中层减负。

3. 增强特教师资的力量

学校有南海区唯一的学校特教点，学校的"融爱教育"是特色之一。目前的特教学位，不能满足区域对特教的需求，学校在扩大特教规模的同时，要注重引进特殊教育的专业教师。目前特殊教育的教师，以年轻教师为主，加强对他们的培训，给他们走出去的机会，去交流、去学习、去做课题、做科研，总结经验。同时在机会合适的情况下，引进特教名师，增强学校在这方面的师资力量。

七、家校共育的构建策略

项目组从调研中了解到，桂江三小学生家长、社区和各职能部门对学校工作较为支持与配合。家长对学校的满意程度较高，认为学校的教育质量较好，对执教教师的师德师风较满意。从家长问卷调研中可知，超过90%的家长认为学生的教育问题应该是家校共同协作的。

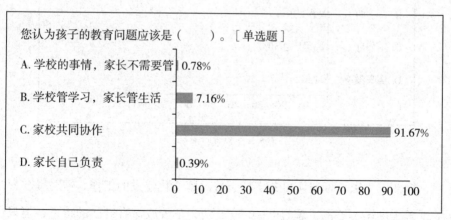

图4　教育学生的问题

家长总体来说对学校的教育是认可的，对学校特色进课堂项目均表示欢迎；认为学校的环境优美、整洁，硬件设施较完备；党员义工、家长义工组织得较好，参与学校管理的措施很受欢迎；支持每个学期的家长会、上门家访、亲子活动等；配合了解学生情况、加强与教师沟通的工作。

但问卷调研中也反映了家长对学校活动的参与度还有待提高，且大多数家长平时都是有事才联系班主任老师，日常家校合作教育强度有待提高。

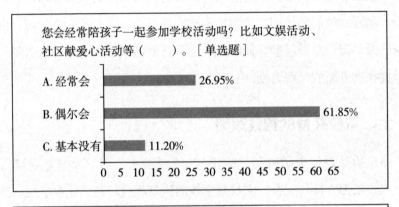

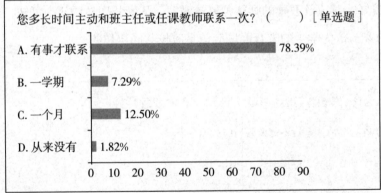

图5 日常家校合作

桂江三小家长普遍认可并支持学校品牌文化建设的工作，但对慢教育的了解程度还不够深。超过97%的家长认为学校应该有自己的特色，但只有约60%的家长知道学校提倡的是慢教育。

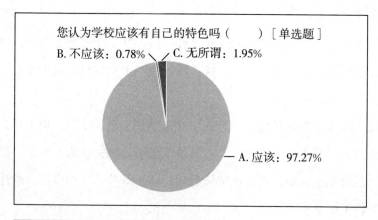

您认为学校应该有自己的特色吗（　　）［单选题］

B. 不应该：0.78%　　C. 无所谓：1.95%

A. 应该：97.27%

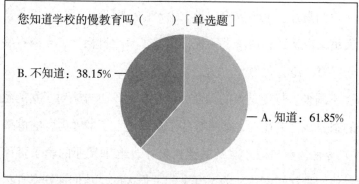

您知道学校的慢教育吗（　　）［单选题］

B. 不知道：38.15%

A. 知道：61.85%

图6　家长对慢教育的了解程度

桂江三小慢教育要在家校共育中站稳品牌文化的指挥高地，就要与家长共同回溯和了解学校所在的叠滘乡历来的家教风气。将叠滘乡地域文化中优秀的基因挖掘出来，让家长和教师对孩子的教育达成更多共识和默契，在对乡土文化的传承与创新中，更加明确这所乡村小学要培养的是什么样的人才。

通过《叠滘乡志》了解到，叠滘乡是一个历史悠久、传统文化底蕴深厚的乡村，叠滘人对乡土文化的传承看得很重，对后代子孙的教育也一向非常看重。

乡志中记载叠滘乡人的婚姻关系是"随遇而安"的，父母子女之间的关系以"乔木高而仰，似父之道；梓木低而俯，如子之卑"的礼教为标尺，形成严父慈母、亲亲尊尊的家教传统。书中记载："叠滘乡中的家庭教育表现有五点：

（1）步趋。父母是德、诚、勤、朴、俭，其子女就德才兼备，兴家立业，社群畅流；父母是狡、惰、孽、馋、奢，子女效颦，后尘步趋，后果难堪。

（2）重（学校）教育。父母送子女进学校（堂）读书，是天职。叠滘乡素重教育。其中潭头坊陈家，卖田教子读书。他们认为，对下一代人的关注，最根本是知识，田不便留给后代，防止培养'二世祖'，索性将田卖了，供子读书。

（3）不当财迷。父母家有田地、财产的，财迷心窍，处事吝啬。平时积累了大量家产，死后留落下一代，培养了'二世祖'，乡内有些'二世祖'花光钱财，沦为乞丐。

（4）不溺爱。母爱是人的天性，但是乡内不少母亲对子女的慈爱变成了过分的溺爱，百般迁就，结果有些子女就走上了懒馋劣奢的道路。

（5）反哺。乡内德才兼备的建树良才，继承父业的孝子贤孙是多不可数的。他们是在知书达礼的家庭熏陶下长大的。他们深知孝养道理，尽职尽责奉侍长辈；他们懂得"檐前滴水，点点荫旧痕"（后辈效仿前辈做法）的道理，自己以孝为本的同时，更是以身作则，教育好下一代。

以上乡内传统家庭教育的五个特点，是桂江三小在家校共育建设策略中提出慢教育的地域文化基础。

用慢教育的育人目标去回应乡人对子女未来的期待，让家长体会慢教育的用心之处，更加支持学校的品牌文化建设。加强家校合作的具体做法可参考以下方案：

（1）邀请家长制定个性化的慢教育效果测量表

邀请家长参与桂江三小学生慢教育效果测量表的制定，可以促进家长思考、理解、支持学校的慢教育。家长对慢教育的支持，是增强慢教育效果的催化剂。

（2）亲子活动凝聚家校合力

① 在面上，校级亲子活动总动员。即由校级家委牵头与学校协作，策划"亲子才艺""亲子游园""亲子见证""亲子公益""亲子护卫"等多个版块全校性的亲子活动，有效凝聚家校合力，促进亲子情感的交流。

② 在线上，年级亲子活动有指向。以年级组为单位开展亲子活动，实现序列化、主题化，比如低年级组开展"亲子制作DIY"主题活动；中年级组开展"我和孩子同学习"主题活动；高年级组开展"心理成长训练营"主题活动。活动针对性强，契合亲子成长的需求。学校可以探索菜单式家长学习课程，以年级为序列推行家长课程建设，根据年段学生特点，为家长量身定做"幼小衔接""本真探寻""升中准备"等学习课程。

③ 在点上，班级亲子活动有创意。通过班主任和班级家委的创意活动，让更多的家长积极参与并认同学校的工作，提升教育技巧，密切亲子关系。

八、校园文化的营造策略

桂江三小建校七十多年，在漫长的历史探索中，传承学校独特的文化基因，提炼出"慢教育"教学思想。

慢教育是与当今社会功利求快的价值观背道而驰的教育主张，学校要将慢教育做真、做透、做全，用回归本真的教育去打动世人，从而改变社会风气，在品牌发展规划上少不了从抽象理论到具象化表达的步骤。

要让校园文化将慢教育理念直观地呈现出来，取决于每一位教育者对慢教育的理解程度和落地方法。营造策略如下：

（1）契合慢教育的主题去建设校园文化，让校园呈现出温馨美好、自由舒适的一面。改变学校较为老旧、单调的形象，让更多童心烂漫、本真自然的元素注入校园文化建设中。如校园文化设计可选用更清新的主色调，慢教育的文化呈现可在长廊、走道、课室等活动场所丰富起来。

（2）贯通教育教学活动与校园文化建设之间的关系，做校园文化的"微景观"改造。鼓励师生全员参与，为校园文化建设添彩。

（3）彰显"慢工蝶变，品正惟功"的校风，为师生精心搭建"小舞台"。设定一个日常就能使用的、自由展示才艺的"舞台"。鼓励学生大胆走上去表演，让周围人驻足欣赏。

（4）整合资源并开放校史馆，为校史呈现提供一个独立的空间，并借此跟踪记载慢教育辉煌的育人成果，印证慢教育的"慢工出细活，久久方为功"的特点。这样的一处校史馆将成为慢教育品牌建设中最为重要的文化地标。

建设校史馆，还有利于提高学生、教师、家长对叠滘乡周边地域文化的了解，有利于推广慢教育学校品牌。

九、结语

桂江三小在长期的学校特色文化建设过程中，通过实践、探索和积淀，塑造出"慢教育"这一特色品牌。

特色品牌的推广是一个长期的过程，涉及资金的使用、人员的调用、教学科研的提升、后勤的保障等学校各个方面的工作。未来，桂江三小需要建立专门的管理制度，明确职责，照章办事，以确保特色品牌的推广能够长期、有序地进行下去。全校师生每个人都代表着学校的品牌，都应该知道学校品牌对于学校及自己的意义，要确保特色品牌能够长期顺利地推广，还需要对全校师生进行针对性的提升品牌意识的培训。

以实施素质教育为核心，以慢教育为学校品牌建设主题，面向全体师生和社会人士，动员全员参与，以特色品牌统领整个学校的发展，力求通过未来的探索与积淀，逐步形成品牌影响力，打响桂江三小慢教育品牌。

中篇

慢教育 融发展的

理论研究

优化资源教室功能，全面推进融合教育

佛山市南海区桂城街道桂江第三小学　李丽生

一、研究背景

国家对于特殊教育从人文关怀走向行动支持，教育政策逐步以公平融合为导向，强化健全随班就读工作体系和保障机制，全面实施融合教育，努力提高残疾儿童少年随班就读工作质量和水平。

2022年全国教育统计数据显示，超过一半的特殊需要儿童被安置在普通学校，其中随班就读是主体。特殊学生在普通教育环境接受教育需要获得专业支持，构建完善的支持保障体系是顺利推进融合教育的重要保障。

2016年教育部办公厅印发《普通学校特殊教育资源教室建设指南》，强调了"特殊教育资源教室是推进残疾儿童少年在普通学校随班就读工作的关键支撑，对全面提高特殊教育普及水平具有不可替代的重要作用"。资源教室作为提供教育资源的场所和主体，承担着支持特殊学生的责任，是融合教育实施过程中的重要阵地。基于特殊学生融合的发展需求，资源教室要提供全方位的支持，包括制度、环境、课程、资源等方面。

我国普通学校资源教室的建设工作开展至今已有几十年的历史，目前进入普通学校就读的残疾儿童少年人数有了明显增加，各地普通中小学资源教室建设的数量和设施配备也基本达标，但是"随班就读"的问题依然存在，融合教育质量不高的形势依然严峻。作为支持保障体系中核心环节的资源教室，其建设情况尚未达到理想状态，相应的功能也并未得到最充分的发挥，整体呈现出布局不平衡、网络不健全、资源不匹配、专业性不足等问题，进而影响了融合教育的质量。

针对当下融合教育推进过程中资源教室建设不完善、资源教室功能未发挥、特殊学生支持不充分三大问题，以下依据融合教育三层次的要求，围绕特殊学生的内外部发展需求，探讨优化资源教室功能的问题，规划资源教室支持融合教育"三层次两维度"的实施路径。

二、融合教育中特殊学生的问题分析和需求分析

安置在普通学校的主要有智力障碍、多动症、自闭症、肢体障碍、视力障碍、听力障碍等特殊学生。不同的障碍类别的特殊学生在融合的过程中面临不一样的挑战，也有不同的需求。

2023年佛山市南海区桂城街道中小学开展特殊学生排查，回收了168份有效问卷，根据问卷分析可知学生融合的问题和需求主要有以下几种。

（一）学业问题

90%的特殊学生存在学业落后的问题，智力落后、注意力缺陷、学习障碍等使得他们无法有效参与课堂学习，特殊学生需要课程调适。

（二）情绪行为问题

80%的特殊学生存在情绪行为问题，其中多动、冲动、攻击、刻板重复行为占比较大，对课堂秩序和校园安全造成威胁，特殊学生需要情绪行为课程的训练和干预。

（三）人际交往问题

81%的特殊学生有人际交往问题，原因是他们缺乏互动能力、不合群、与人争执等，普通学生也不懂如何与特殊学生交往。特殊学生和普通学生都需要社交指导。

（四）生活自理问题

在普通学校的特殊学生，大部分能基本生活自理，但会出现行动

不便、公共设施（洗手间等）使用困难的问题，特殊学生需要无障碍的环境。

以上问题出现的核心原因有二：一是内因，学生能力不足；二是外因，环境支持不够。因此，特殊学生需要资源教室提供"课程"提高能力，又需要无障碍的融合环境支持。

三、"三层次两维度"资源教室支持融合教育的内涵

融合教育有三个层次：物理空间的融合、社会性心理的融合以及课程的融合。其中，课程的融合是融合教育最高也是最难的目标。

生态系统理论指出，个体不是孤立存在的，而是与其所处的环境相互作用和相互依赖的。学校作为学生学习最重要的社会环境，环境中的因素对个体的发展和行为有着重要的影响。基于生态系统理论，我们不仅要关注教育主体本身的需求，更要关注学校融合环境的改变。因此，资源教室针对特殊学生的不同融合层次的需求，提供针对教育主体的支持和环境改变支持，即为特殊学生提供相应的内外部支持。

融合教育三个层次的实现，需要资源教室提供符合学生需求的内部支持，也需要建设合适的外部环境，即提供内外部支持。

（1）在物理空间融合层面，提供内部支持即资源教室通过感觉统合、精细动作等课程提高特殊学生的行动能力和生活自理能力；提供外部支持即以资源教室为核心辐射至全校园建设无障碍物理环境。

（2）在社会性心理融合层面，提供内部支持即资源教室为特殊学生、普通学生提供社交、情绪课程以提高社会交往能力和情绪控制能力；提供外部支持是在全校范围开展融合文化宣导以帮助全体师生了解、接纳特殊学生的特点，掌握跟特殊学生交往的基本方法。

（3）在课程融合层面，提供内部支持指的是资源教室为特殊学生开展行为管理课程、学习策略课程以提高其集体课堂适应能力和学习能力；提供外部支持则是需要教师对课程进行调适以支持特殊学生参与学习。

表1 "三层次两维度"资源教室支持融合教育的内涵

支持维度 融合层次	物理空间融合	社会性心理融合	课程融合
内部支持	感觉统合、精细动作课程→行动和生活自理能力	社交、情绪课程→社会交往和情绪控制能力	行为管理、学习策略课程→集体课堂适应行为和学习能力
外部支持	无障碍环境建设方案→建设无障碍校园环境	融合文化宣导→师生了解、接纳特殊学生，掌握跟特殊学生交往的基本方法	教师对课程进行调适和通用设计→支持特殊学生参与学习

四、资源教室支持融合教育的实施路径

（一）资源教室对特殊学生环境融合的支持

人是环境的产物，儿童友好的环境才会培养出友好的儿童，融合环境的建设是融合教育实施的基础条件。资源教室要发挥"专业指导"的功能，既要通过课程支持特殊学生，还要提出方案支持融合环境的建设。

为方便肢体障碍学生的行动，要建设坡道、扶手、坐厕等各种无障碍设施；为实施各类辅导课程，要建设满足不同需求的融合教育专用场室，配备充足的康复设备；为提高认知障碍学生使用校园设施的能力，要增加更明显的视觉提示标志，如使用流程图示、进行功能分区等。

为提升学生的行动能力，要开展感觉统合课程，并设感统室和配备感统器材、康复设备等；为提升学生基本操作能力和生活自理能力，要开展精细动作、劳动实践课程，建设劳动场室、家政室等，配备精细动作领域教具。

（二）资源教室对特殊学生心理融合的支持

适宜的行为、合理的社交是特殊学生在融合环境中生存的基础能力，接纳、关怀、互动、互助、共赢的融合文化氛围是滋养特殊学生校园生活融合的沃土，这就是社会性心理层面的融合。而达成心理融合，资源教室要发挥"辅导""宣导"和"指导"的功能，在资源教室开展个别辅导课

程，在全校范围内开展融合宣导工作。

自闭症、情绪行为障碍、智力障碍等学生伴随着异常的行为模式、不同程度的社交发展障碍。资源教室要开展情绪行为管理和社交课程，有系统地训练他们的情绪控制能力、行为管理能力、社交技巧，帮助他们认识和遵守社交常规，让他们学会与人沟通、交流，发展恰当的人际关系，融入社群，适应校园环境。

融合宣导工作的开展有两个抓手：一是融合文化，设融合文化宣传栏和宣传墙，介绍各类特殊学生的特征、交往技巧、教育方法，通过图画、文字故事等形式宣扬正向面对不同的生命形态，尊重差异，互助互利，拒绝欺凌的融合文化，让融合理念与校园文化完美融合。二是融合活动，如：国旗下讲话、全校主题班会、融合艺术活动、融合艺术展、融合文化节、融合社团、教师特教知识普及培训等。通过深度参与活动，师生提高对特殊学生基本特点的认知，普特学生通过活动加深理解、形成良好的互动关系。

只有普通学生学会接纳不同、学会关怀，教师尊重差异、因材施教，特殊学生坚持康复、努力付出，全部参与者才能共同成长、互助共赢，从而达到心理融合的目标。

（三）资源教室对特殊学生课程融合的支持

融合教育要实现真正意义上的融合，教育的实践者和研究者就必须重视并推动课程的发展，使有特殊需求的学生和普通学生一起充分地、平等地参与学校课程活动。

课程融合的建设方向是课程调整。资源教室要为特殊学生制定课程调整方案，包括：

1. 对特殊学生的支持服务

对特殊学生的支持服务包括提供辅具、环境调整、入班支援。如：针对视力落后或视觉注意差的学生提供大字版学习资料，为坐姿不佳的学生提供摆位椅等；针对注意力缺陷的学生进行环境简化分区，使他们座位靠前；针对需要轮椅的学生扩大座位空间；针对课堂适应行为较差、无法自主学习或影响课堂秩序的学生，提供资源教师入班辅导、支援的服务。

2. 资源课室的外加课程

资源课室的外加课程包括提供学习策略课程、学科辅导、康复训练。如：针对学习能力差的学生提供学习策略课程；对学科知识落后的学生提供学科辅导；针对学生动作、情绪、社交等提供感觉统合训练、精细动作训练、情绪行为管理、社交训练等康复类课程。

3. 普通班的教学调整

（包含针对全班的调整与针对个别学生的调整）

从课程目标、内容、组织和运作四个维度系统、全面地进行课程调整。如：

（1）课程目标和内容维度的策略有减量、简化、分解、替代。

（2）课程组织维度的策略有合作学习、教师合作调整。

（3）课程运作过程维度的调整可从环境、教材呈现、活动步调、学生反应、结果和支持等方面进行。

五、总结与反思

资源教室在普通学校融合教育推进过程中发挥着至关重要的作用，利用好资源教室的"资源"，能为普通学校特殊学生提供更合适的教育、更个性化的服务，最关键是能提高特殊学生的融合质量，推进融合教育的长效发展。

目前，我国资源教室建设还停留在硬件阶段，特殊教育专业资源缺乏，对特殊学生学习质量的关注不够，资源教室职能发挥十分有限，无法提供更有效、更全面的个别化服务，甚至对资源教室的功能定位发生偏差。优化资源教室建设要根据融合教育的三层次理论，首先确立以实现融合教育最高层次为目标和导向的功能定位；其次要了解学生的内部和外部需求，为特殊学生的融合提供全方位的支持；最后还要紧跟政策趋势，拓展和转化功能定位，从单一资源教室的功能转变为资源中心的综合服务功能，为区域的特殊学生接受合适的教育不断努力、不断创新，实现真正意义上的融合教育。

参考文献

［1］陈莲俊，昝飞.随班就读支持保障体系建构视角下我国资源教室的建设与运行［J］.中国特殊教育，2020（3）：8–13.

［2］李拉.融合教育课程：概念、性质及发展方向——融合教育理论研究专题（三）［J］.现代特殊教育，2021（19）：13–17.

［3］苏雪云，顾泳芬，杨广学.发展生态学视角下的自闭症儿童融合教育支持系统：基于个案分析和现场研究［J］.基础教育，2017，142：84–89+95.

［4］魏寿洪，廖进，程敏芬.成渝两地普小教师融合教育课程与教学调整实施现状研究［J］.中国特殊教育，2018（6）：14–22.

基于慢教育理念的小学融合教育模式的实践与探索

佛山市南海区桂城街道桂江第三小学　李利娟　李丽生

近年来，国家大力发展融合教育。在国家政策层面，对特殊学生的教育从人文关怀走向行动支持。实施融合教育是国家提高特殊学生义务教育普及水平的重要举措，也是新时代中国特色社会主义提升基础教育质量、践行教育公平的必行之路。特殊学生的发展需要专业支持，包括大量的时间成本和人力资源成本，家长、教师、同伴、学校行政、特教中心等都要对特殊学生提供持久的支持。学校作为提供融合教育服务的主体，教育资源是有限的。如何统筹资源，推动融合教育与普通教育协同发展、实现共赢，是摆在融合教育学校面前的难题。

佛山市南海区桂城街道桂江第三小学（以下简称"桂江三小"），在实践融合教育近30年的历程里，同样面对着这一难题，历经3次改革，结合学校品牌特色创建探索出合乎政策、校情的融合教育模式，有效促进特殊学生与普通儿童共同进步。

本文希望通过解读"桂江三小慢教育理念下融合教育模式的实践与探索"为普通学校开展融合教育工作提供一个可参照的发展路径。

中篇　慢教育　融发展的理论研究

一、核心概念界定

（一）慢教育

慢教育是一种理念，思想可谓源远流长。古代东西方先哲，如孔子、王守仁、柏拉图、亚里士多德等都不约而同地在教育中践行慢教育理念。近现代中外教育家，如叶圣陶、魏书生、夸美纽斯、卢梭等也在著作中流露出慢教育的思想。

慢教育理念要求教育遵循儿童发展的规律，运用合适的教育方式，促进学生全面发展。

（二）融合教育、随班就读、特教班

融合教育起源于西欧"一体化""正常化"等思潮，后主要受美国"回归主流"思想影响，并经过一些国家和地区的实践不断完善。

融合教育是一种理念，指的是在普通教育环境中为特殊学生提供有针对性的教育服务。融合教育的终极目标是建设融合的社会：追求正义、公正、公平，建设平衡和谐、高品质常态教育，所有参与者获得进步。

而随班就读是我国根据国情创新的特殊学生教育安置形式之一，随班就读是我国特殊教育发展的基本举措，也是融合教育理念重要的实践形式。

特教班是另一种特殊学生教育安置形式，建设特教班可以有效解决残疾程度较重或多重残疾儿童的教育问题。特教班有助于进一步推进融合教育。

（三）特殊学生

"特殊教育需要"（Special Educational Needs，SEN）一词首次于1978年英国《沃诺克报告》中被提出，1981年在英国的教育法案中强调特殊教育的定义应主要指向教育需要而不是个体的学习缺陷与损伤。

随着特殊教育理念与实践模式不断演进，特殊教育服务对象的界定从"残疾"到"障碍"再到"特殊教育需要"，充分体现了特殊教育领域的人本理念和全纳教育思想。

本文认为在各方面存在困难或问题而影响其接受教育，需要特殊教育设施，需要活动、课程等方面特别帮助的儿童为特殊学生，一般包括智力障碍、自闭症、情绪行为障碍、听力障碍、视力障碍、肢体障碍、学习障碍和其他障碍类别的儿童。

二、慢教育理念的背景和内涵

桂江三小是一所城乡结合的原村居学校。2022学年有学生1 356人，33个教学班（其中2个特殊教育班18人，随班就读学生12人，特殊学生共30人），教职工94人。这里是广东省一级学校、广东省随班就读示范学校、佛山市共融校园建设基地、佛山市德育示范学校、佛山市第一批心理健康特色学校、南海区首批文明校园。由此可见，桂江三小历来注重德育、心育、融合教育的发展。

桂江三小将慢教育作为办学理念是在社会呼吁去功利化、学校周边悠慢闲适的水乡生活、20多年特殊学生的服务历程三大背景下提出的。它具备了"回归正常、回归平实、回归全面、回归生命"这四大教育意义，并拥有"强调过程、深度参与、成人成事"这三大特征。

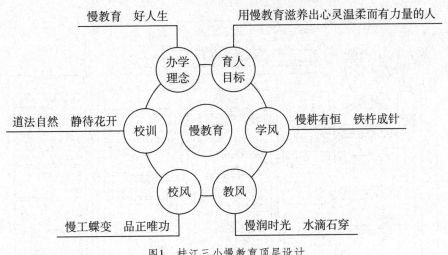

图1 桂江三小慢教育顶层设计

三、慢教育与融合教育的关系

在一个文明、和谐的社会中，机会是平等的，普通儿童和特殊学生都有接受教育的权利。桂江三小特教班开办于1993年，保障了特殊学生接受义务教育阶段的学习，融合教育让教育公平性的阳光照亮那些需要特殊教育服务的孩子。资源教室根据孩子的动作、认知、语言、社交、情绪等不同领域的能力，制订了"个别化教育计划"，资源教室开展一对一训练、小组活动等让孩子们享受到了"因材施教"的教育。这要求教师在一个比较长的时间里了解学生的特点，再根据学生的特征和能力进行有效的教育。特殊学生大多在各领域发展缓慢，他们的学习要花费不少的时间和精力，这都是急不来的，融合教育注定是慢工出细活的慢教育。

融合教育与慢教育的理念不谋而合，两者的关系是：

（1）融合教育因材施教的理念是慢教育提出的初衷，慢教育源于融合教育的实践需要。

（2）慢教育与融合教育有共同的价值取向——回归教育本质：放慢教育步伐，锻造品质人生。

（3）融合教育是桂江三小慢教育理念践行不可或缺的一部分，两者相互依存、相辅相成。

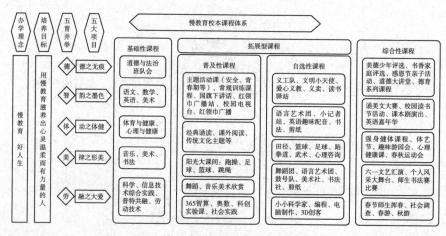

图2　桂江三小慢教育校本课程体系

四、学校实施融合教育的三个要点——有要求、有指引、有支持

桂江三小特殊学生有30人，占全校学生总人数的2%左右。他们的安置形式有：特教班、随班就读和资源教室。桂江三小融合教育经历了以下三个阶段：

（1）1993年—2013年——举步维艰，融合之路启程早

1993年时，桂江三小还是叠滘二小，作为佛山市在普通公立小学设立特教班最早的一批学校，开办了一个"加强班"，专门给残疾儿童少年上课，至此开启了特教征程。但学校在这个时期没有特殊教育专业的教师，课程没有针对性。

（2）2013年—2018年——专业团队，曙光初现

2013年，桂江三小融合教育迎来了变革的机会。为顺应新时代对"特殊教育"要求，提高特教班教学水平，学校以高标准建设了特教班专用课室、资源教室和感统训练场地，教育教学环境逐步升级。

2015年，适逢佛山市特殊教育提升计划实施，桂江三小成为佛山市特殊学生随班就读共融基地，得到了佛山市教育局和南海区特教指导中心的特殊教育专业支持。

2016年起，学校持续引进特殊教育专业教师，团队正式形成"专业阵营"，融合教育走向专业化发展。

（3）2018年至今——科研引领，进入融合教育快车道

2018年起桂江三小开展各级各类融合教育科研课题，融合教育工作规范化发展，逐步发挥辐射引领作用。

公立学校开展融合教育，必须要做到有要求、有指引、有支持。

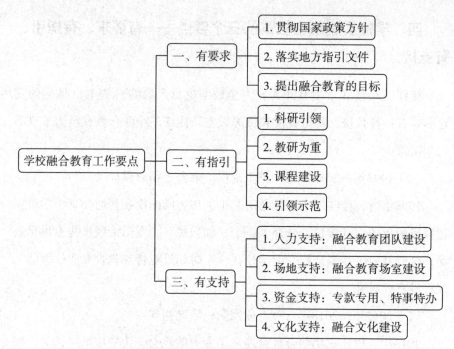

图3　桂江三小融合教育工作要点

（一）有要求：贯彻落实政策文件

1. 贯彻国家政策方针

随着国家对特殊教育越来越重视，提出更多期望和要求，回顾"教育这十年"，我们学校在国家政策、地区特色和学校背景等方面共同支持大力开展融合教育模式的实践与探索。

《特殊教育提升计划（2014—2016年）》提出提升特殊教育硬件设置、建立特殊学校，让每个孩子有书可读、有地可去。《第二期特殊教育提升计划（2017—2020年）》开始重视特殊学生的最适安置模式、特殊学生的评估、特殊教育教师的专业，追求有质量的特殊教育。2022年迎来了中国特教新纪元——《"十四五"特殊教育发展提升行动计划》，计划提出到2025年高质量特殊教育体系初步建立，全国适龄残疾儿童义务教育入学率要达到97%。加强学校无障碍设施设备的建设，促进普通教育和特殊教育的融合。

国家政策对融合教育发展的倾斜，是学校开展融合教育工作的"利器"，政策扶持让学校开展融合教育的理由更加充分，师生更愿意参与。

2. 落实地方指引文件

广东省高度重视特殊教育工作，特别是融合教育，将其纳入整体规划。2020年广东省教育厅等八部门发布《关于加强残疾儿童少年义务教育阶段随班就读工作的实施细则（试行）》（以下简称《细则》）在认定与安置、教育教学管理、教师队伍及培训、支持与保障等几个方面提出要求。《细则》成为了桂江三小开展融合教育的行动指南。

佛山市作为国家特殊教育改革实验区，开展佛山市共融校园的建设，支持融合教育师资的培养；南海区开展"全员育人，优质融合"课题研究，为普通学校和资源教室提供专业支持。

地方指引文件是开展融合教育工作的"肥沃土壤"，有了地方政策扶持的滋养，融合教育的氛围更加浓厚，师生更乐意支持融合教育工作。

为贯彻落实国家政策和地方文件，桂江三小根据广东省细则细化了融合教育制度并做到制度上墙。

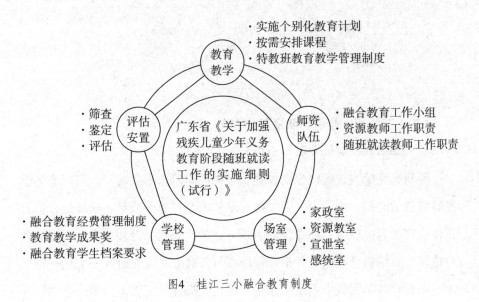

图4　桂江三小融合教育制度

3. 提出融合教育的目标

融合教育工作不只是一项"爱心工程"，更是"民生工程"。这不是可做可不做、想做就做、不想做就不做的工作，而是必须要做且要按要求做的工作。

桂江三小自1993年起已有30余年的残疾儿童服务经验，建设共融校园也达8年之久。在已经有专业资源教室的基础上，依然出现了普特学生融合层次低、教师特教专业不足、随班就读学生行为问题多和学习质量低等关键问题。根据上述四个主要问题，我们对应提出了四个融合教育工作的目标：

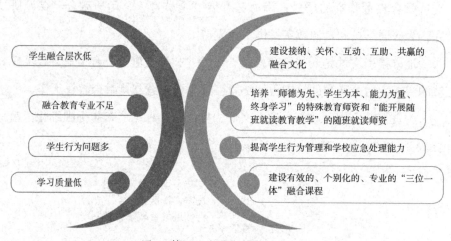

图5 桂江三小融合教育工作目标

（二）有指引：指引团队发展的方向

1. 科研引领，高位发展

科研兴则师兴，科研强则校强。教师的科研水平的提升，可以成为学校教育教学的第一生产力，大大提升学校的教育教学质量。学校融合教育工作以科研为突破口，在课题的引领下，学校开展融合教育实践、提炼教育成果、总结教育经验。教师在积极参与各级各类课题研究—实践—推广中，在教育教学实践中不断"探索—深挖、提升—完善、引领—推动"，"学生—教师—学校"共生共长。

课题研究的类别有：政府部门课题、专业部门课题、群众团体课题。以桂江三小为例，普通学校参与融合教育研究的途径有：广东省强师工程科研课题、广东省特殊教育内涵示范项目、佛山市特殊教育专项课题、区级街道级小课题。

2. 教研为重，深化发展

以研促教、以教促学，教研能有效提高融合教育教学质量。在普通学校组建以资源教师为核心的融合科组能有效推动融合教育教研。

普通学校融合科组以其对象特殊性和学科独特性，仅靠校内的资源无法全面支持融合教师的专业发展，因此在教研上注重"内外兼修"。"内"有校内教研，"外"有市和区的专业指引。

佛山市教育局定期组织特殊教育专题培训，南海区特殊教育指导中心每年开展随班就读督导，南海区中心教研组每学期开展活动教研活动与总结会。融合教师参加活动，提升专业知识水平、提高专业技能。

科组内开展教研活动，每周开展融合科组活动，每年组织"青蓝工程"师徒结对、开展青年优质课比赛、新教师汇报课、随班就读研讨课等。

3. 课程建设，规范发展

课程是育人的重要载体，建设融合课程是实现融合教育目标的必然要求。建设为所有人提供教育的学校，关键是设计所有人能够使用的、灵活的课程。联合国教科文组织也指出融合教育要实现真正意义上的融合，教育的实践者和研究者就必须重视并推动课程的发展，使有特殊需求的学生和普通学生一起充分地、平等地参与学校课程活动。

因此，桂江三小开展了系统的融合教育课程建设，分三个类别：一是特教班课程，二是资源教室的个别化课程，三是随班就读课程。

特教班课程要考虑学生障碍程度，目前有按照《培智学校义务教育课程标准（2016年版）》或《义务教育课程方案和课程标准（2022年版）》开展教学。桂江三小特教班课程以培智课标为主，开设生活语文、生活数学、生活适应、劳动技能等课程；义务教育课标为辅，如生活语文和生活数学参考语文、数学低年级的内容，二者兼之。

资源教室个别化课程会根据学生的能力需求和个别化教育计划进行设置，每学年开设的课程并不固定。主要有感觉统合、沟通社交、学科辅导、学习策略、情绪行为管理等课程。除此之外，桂江三小资源教室还开展面向全校学生的融合活动课程，如融合劳动实践活动、融合艺术活动。

随班就读课程是指随班就读学生所在班级的学科课程，它的建设方向是——课程调整。在通用设计理念的原则下，教师对教学进行调整，设计多种呈现、多样表达的差异化课堂。

4. 引领示范，辐射发展

桂江三小是佛山市最早一批开展特殊教育服务的普通学校之一，是桂城街道特殊教育资源服务中心，是佛山市第一批共融校园建设的基地学校，也是广东省第一批随班就读示范学校。作为基地学校、示范学校，不能关起门来搞建设，而应携手并进同发展。做好校内融合教育工作的同时，还开展跨区域的交流活动和区域内的巡回指导工作。

学校组织和承办各级融合教育交流研讨活动，也参与其他融合教育交流活动，并在活动中分享工作经验。

每学年开展街道内的巡回指导和随班就读督导，资源教师到街道内各个随班就读学校开展个案研讨活动，对个案进行评估、指导制订个别化教育计划、指导环境和课程调整。

（三）有支持：提供各方面的支持

融合教育的发展离不开各种要素的支持，构建完善的融合教育支持保障体系是提供融合教育质量的关键。《"十四五"特殊教育发展提升行动计划》提出建设以资源支持为保障的格局，包括融合教育发展的发展目标、实施策略及支持体系三个方面。《广东省"十四五"特殊教育发展提升行动计划》提出要不断完善特殊教育保障机制，包括加大财政投入力度、改善办学条件、优化师资队伍等。根据政策指引和实践中的需求，桂江三小为融合教育的开展提供人力支持、场地支持、资金支持以及文化支持。

1. 人力支持：融合教育团队建设

融合教育需要专业支持，没有特殊教育专业支持就没有融合教育。首先要引进特殊教育专业教师；教师是实施融合教育的直接主体，因此要建设融合教育工作团队，保证融合教育工作"有人可用"。

桂江三小建立了以校级行政指导、主管行政监督、资源教师和随班就读老师落实为一体的融合教育工作团队，并建立高效的沟通合作机制。

2. 场地支持：融合教育场室建设

融合教育学校需要建设的基本专用场地有：特教班专用教室和资源教室。有条件的学校可以建设感统室、宣泄室、家政室、观察室等功能齐全的活动场室。

3. 资金支持：专款专用、特事特办

融合教育的经费要做到专款专用、特事特办。

第一类是落实生均经费。多省"十四五"特殊教育提升行动计划均提到保障生均经费，其中广东省提出"到2025年将义务教育阶段特殊教育生均公用经费补助标准提至每生每年7000元以上"。

第二类是落实特教津贴和调整绩效奖励。保障特殊教育教师按照政策享受相关待遇、津贴补贴；学校调整期末绩效分配方案，适当向融合教育工作团队的教师倾斜。

第三类是科研经费和自筹经费。做好经费申报、审批的流程，通过绩效报告监督经费的使用。

4. 文化支持：建设融合文化

学校可以通过各类活动加强融合教育的宣传力度，营造关心支持融合教育发展的良好氛围。桂江三小通过开展"融合宣导月"活动和建设融合阵地宣传融合文化。开展国旗下讲话、全校融合主题班会、融合艺术展、融合艺术活动、公众号宣导等多个活动对全体师生、家长进行宣导，让身边的人更了解特殊学生；建设融合书吧，引入适合学生和教师阅读的融合文化相关书籍，开展融合阅读分享活动，这将成为校园又一个融合文化的阵地。

参考文献

［1］彭霞光.欧盟国家特殊需要教育状况分析及启示［J］.中国特殊教育，2021（12）：28-34.

［2］杨希洁.我们需不需要发展特教班——谈义务教育阶段普通学校设立特教班的意义［J］.中国特殊教育，2022（1）：10+1421.

［3］邓泽兴.试论融合教育推动下的课程调整［J］.重庆文理学院学报，2012（6）：148-152.

［4］程敏芬.融合教育学生课程调整的行动研究［D］.重庆：重庆师范大学，2018.

（本文系广东省教育科学规划课题"十三五"规划2020年度教育科研一般项目课题"小学融合教育模式的探索与实践"，课题批准号2020YQJK182阶段性研究成果。）

佛山市各区融合教育支持
模式的比较与启示

佛山市南海区桂城街道桂江第三小学　何惠如

一、问题的提出

融合教育自20世纪90年代提出以来，受到越来越多国家和地区的重视，已经成为当前特殊教育的主流发展趋势。基于我国的国情和多年的探索，随班就读和资源教室的相关政策出台，成为国内当前特殊学生安置的主要形式之一。近年来，国内融合教育领域关注探讨融合教育支持保障体系的建设。2017年颁布了《残疾人教育条例（修订）》首次提出特殊教育资源中心制度（以下简称"资源中心"），主张通过建立特教资源中心为区域提供特殊教育指导和支持服务。随着融合教育质量和水平的提高，特教资源中心成为区域特殊教育支持保障体系的重要组成部分，起着至关重要的作用。

2020年广东省教育厅等八部门颁布《关于加强残疾儿童少年义务教育阶段随班就读工作的实施细则（试行）》，要求各级教育部门加快建立特教资源中心，并实现市、县特教资源中心全覆盖，为普通学校随班就读工作提供咨询、研究、评估、指导等服务。2015年佛山市获准成为国家特殊教育改革试验区，禅城区、顺德区和南海区承担了融合教育的创新实验项目，探索区域融合教育的支持模式。在政策引领与现实需求的导向下，佛山市先后成立市、区两级特殊教育支援服务中心，依托市特殊教育支援服务中心成立学前融合教育指导组、职业教育融合指导组，为市特殊学前融合教育及特殊中职融合教育提供指导；依托区特殊教育支援服务中心成立随班就读指导组，配备巡回指导教师，加强对本区域随班就读工作的管理与指导。以下以佛山市为例，梳理禅城、顺德和南海三区特殊资源中心的发展历程和工作模式，总结、分析各区融合教育的经验及面临的挑战。

二、研究设计

由于佛山市各区特教资源中心成立年限差异大，发展现状差异大，且目前没有相关的量化评价标准，因此本研究选择质性研究的范式。在自然情境下通过深度访谈和查阅文献的方法获得资料，再对搜集的资料进行分析，最后得到研究的结果。

根据研究目的，选取普通学校资源教师和特殊教育资源中心工作相关的人员作为研究对象。本研究根据各地区情况，最终确定佛山市禅城区2人、顺德区2人、南海区2人，共6名访谈对象。

根据已有研究综述和研究目的，制定了半结构化的访谈提纲。访谈提纲包括访谈对象基本信息、资源中心的职能、资源中心的服务对象和遇到的困难。研究者还通过网络等渠道，收集了大量有关佛山市各区资源中心的政策文件、新闻稿件、工作记录、研究文献等文字资料，作为访谈材料的补充和佐证。

基于对佛山市禅城、顺德、南海三个地区资源中心和资源教师工作人员的访谈，结合前人研究成果，本文将聚焦资源中心的组织结构、资源中心的功能和资源中心的服务对象三个维度进行分析。

三、研究结果

（一）资源中心的组织结构

组织结构是资源中心运作的基础保障，佛山三个主要地区的资源中心都是依托特殊教育学校成立支援服务中心为普通学校融合教育提供指导的。

1. 资源中心负责人方面

禅城区和顺德区的特教资源中心主任是由各区特殊学校的校长兼任，特殊学校副校长或其他行政管理人员担任副主任，负责资源中心的日常运作。南海区特教资源中心主任由南海区星辉学校的办公室副主任兼任，负责资源中心的工作计划的制订和实施。

2. 资源中心的主要成员方面

禅城区特教资源中心的主要成员为巡回指导教师（特殊学校骨干教师）。另外，禅城区特殊教育支援服务中心与机构合作聘请特殊教育辅导员（以下简称"辅导员"），辅导员由社会机构聘请，接受禅城区特殊教育支援服务中心业务指导，并在普通学校进行随班就读的档案管理和教学工作。顺德特殊教育支援服务中心的主要成员是巡回指导教师，包括特殊学校巡回指导教师和普通学校巡回指导教师，共同合作负责区内各随班就读学校的指导工作。顺德区特殊教育支援服务中心公布了明确的巡回指导教师的岗位职责，足见对巡回指导工作的重视。南海区特殊教育指导中心的主要成员包括特殊学校骨干教师和南海区福利中心担任巡回指导老师的康复师，随班就读骨干教师兼任指导中心组员，负责学校随班就读日常工作。

表1　资源中心的组织结构

资源中心	成立时间	中心负责人	主要成员
禅城区特殊教育支援服务中心（以下简称"禅城支援中心"）	2016年1月	主任：禅城区启智学校校长徐朝辉 副主任：禅城区启智学校副校长梁昭仪	巡回指导教师（特殊学校骨干教师兼任）、特教辅导员

资源中心	成立时间	中心负责人	主要成员
顺德区特殊教育支援服务中心（以下简称"顺德支援中心"）	2015年11月	主任：顺德区启智学校校长申承林 副主任：顺德区启智学校副校长张明霞、周志喜	巡回指导教师（特殊学校教师和随班就读骨干教师兼任）
南海区特殊教育指导中心（以下简称"南海指导中心"）	2010年5月	主任：南海区星辉学校办公室副主任伍华	巡回指导教师（特殊学校教师和福利中心康复师兼任）、随班就读骨干教师

（二）资源中心的职能

功能是指事物所能发挥的有利作用，特教资源中心的功能则指资源中心所能发挥的作用，即提供的支持和服务。随着科技的发展和教育现代化进程的加快，资源中心的功能不再局限于提供教学资源和教学指导，而是倡导功能的多元化，覆盖专业指导、行政管理、资源支持等方方面面，为融合教育构建健全的支持保障体系。

1. 禅城支援中心强调融合教育的"支援服务"功能

禅城地区以随班就读"四线三层"支援服务项目为核心，承担四线资源链接、统筹安排周期节点重大活动和督导推进项目，培养特教辅导员和随班就读种子教师，形成梯队式的融合教育团队。禅城支援中心梁昭仪副主任表示，自2015年资源中心主持佛山市随班就读创新项目，致力于研究融合教育的有效教学，推进融合教育学生替代性评价。项目发展7年（截至2022年），每学年为一个周期推进项目研究，充分发挥中心的培训与教研职能，提高特殊教育教师的专业能力。

2. 顺德支援中心的主要职责是对区域特殊教育发展进行指导和资源整合

顺德支援中心建设了特殊教育云平台，将顺德启智学校校本课程在云平台上共享，供随班就读教师和送教上门教师学习、借鉴，整合资源实现资源共享。云平台提供面向资源教室的教学技能培训课程，为普通学校教师提供了教育教学支持，提高融合教育教学质量。顺德支援中心通过选拔和推荐，择优组建巡回指导教师团队，为融合教育工作提供专业支持，检查评估各学校融合教育工作。

3. 南海指导中心以共融校园建设为突破点，为融合教育教师发展和特殊学生发展搭建平台

南海指导中心每年举办特殊学生特奥运动会和特殊学生艺术节，为特殊学生的身心全面发展搭建平台。"全员育人"模式指导下，南海指导中心整合资源为随班就读学校定期进行巡回指导、师资培训，评估支援，形成"区-学区-学校"的专业支持模式。南海指导中心另一项重要职能是开展融合教育理念的宣传。南海区星辉学校是南海区师德教育实践基地，面向近三年入职的在编青年教师教授特殊教育相关理论知识。在特教教师的指导下普通教师直接接触和教育指导特殊学生。

表2　资源中心的功能和服务对象

资源中心	服务对象	功能
禅城区	资源教师、特殊教育辅导员、随班就读项目学校、随班就读学生、特殊学生家长	专业指导和检查评估、培训和教研、特殊学生安置评估、管理和统筹
顺德区	区域内随班就读和送教上门学生、随班就读教师	专业指导和检查评估、培训和教研、建设特殊教育网上教育
南海区	区域内申请随班就读学生、资源教师、随班就读教师、普通教师	专业指导和检查评估、培训和教研、举行融合体艺活动、融合教育理念宣导

（三）资源中心的服务对象

特教资源中心聚集了广泛而专业的特殊教育资源，受教育行政部门委托提供特殊教育专业服务，服务的对象不只是特殊教育教师、特殊学生，还包括特殊学生的家长。

禅城支援中心"四线三层"支援模式为资源教师和随班就读骨干教师提供巡回指导和专业培训的服务，为教师开展专业教育教学工作提供保障；为适龄特殊学生少年的义务教育入学，开展入学安置评估。禅城支援中心为随班就读学生、家长和学校搭建沟通平台，开展随班就读三方会谈活动。

顺德支援中心的服务对象面向区域内随班就读学生和送教上门学生，负责特殊学生网上教育资源库和相关课程建设，为区域内随班就读教和送教上门教师进行培训。

南海指导中心的服务对象范围包括普通教师、随班就读教师、资源教师和特殊学生，服务对象范围更广。除了随班就读和资源教师专业培训外，为特殊学生的体艺特长发展提供平台，注重普通教师的融合教育理念宣导。

四、总结

首先，各区资源中心的人员组织依托区特殊学校，组织结构各有特点。禅城支援中心是核心成员和扩大成员两部分组成的分层架构。特殊学校正副校长和骨干教师担任巡回指导教师组成核心团队。资源教师、特教辅导员、巡回指导专家和特殊学校儿童安置专家库扩大组织结构。顺德支援中心人员组织较为简单清晰，特殊学校正副校长领导，特殊学校和随班就读骨干老师组成巡回指导教师团队。南海指导中心组建中心教研组，由特殊学校骨干教师、福利中心康复治疗师和随班就读骨干教师组成。巡回指导教师团队负责全区专业指导，随班就读教师骨干教师进行片区巡回指导，双线并行。

其次，各区特教资源中心突出解决的问题和侧重点存在差异。禅城支援中心主要解决的是特殊学生接受融合教育的有效性，旨在链接社会组织资源和高校专家资源为资源教师和随班就读教师进行专业指导和教研培训，提高教师的专业能力，从而为学生提供专业的评估和课程调整。支持模式重点在于高效的合作机制，中心与社会组织的合作，中心与项目学校合作，资源教师与巡回指导专家的合作，提高融合教育的效率。顺德区支援中心着眼于为解决特殊学生教学资源和工具不足的问题。资源中心侧重于特殊教育云平台的建设，为特殊学生和资源教师提供教育教学支持。南海指导中心针对提高共融校园支持水平，支持模式侧重于教师和特殊学生的全面发展，重视融合教育宣导。

最后，各区资源中心资源差异明显，服务价值取向不同。禅城支援中心处于佛山市政治文化中心，有丰富的社会资源，中心旨在为融合教育提供丰富的社会和专业资源，给予资源教师和随班就读教师更多资源支持。顺德支援中心充分利用启智学校的教学和信息技术资源，给予随班就读学生和教师更多的选择和自主性。南海指导中心发挥星辉学校特奥运动和艺术发展的优势，致力于为特殊学生的发展提供平台。

五、启示

佛山市三区融合教育的发展所取得的成绩离不开区域资源中心的建设。因此，做好区域资源中心的制度、资源和人员建设并加以落实，是进一步推动融合教育质量发展的关键。佛山市各区资源中心支持模式给我们的启示如下。

（一）完善区资源中心的制度和资源建设

资源中心的组织结构与部门职能建设，决定了资源中心功能的有效发挥。首先，资源中心应建立完善的组织结构，建章立制，明确部门分工，如成立师资培训与教研部、学生发展部、融合宣传部等。其次，巡回指导教师是资源中心最重要的"资源"，中心应该根据区域内随班就读学生的需要和融合学校的数量，设置多元化的巡回指导教师团队，满足融合教育课程调整、行为管理、个别化教育和资源教室建设等方面的需要。

（二）拓宽资源中心服务对象范围

充分发挥资源中心的社会服务功能，为特殊学生、特殊学生家长、普通教师甚至社区服务。资源中心作为区域内融合教育资源的集散地，应该充分整合区域资源为特殊学生家长提供教育咨询和教育指导。通过融合教育宣导，让更多社会成员了解特殊教育和特殊学生，理解和接纳身边的特殊学生，为融合教育的开展奠定基础。

（三）善于借助各方力量，强化专业指导功能

特殊教育资源中心承担特殊教育专业服务工作，为区域学校和教师提供专业指导和检查评估资源中心的重要职能。首先区域资源中心应充分发挥特殊学校专业资源丰富的优势，搭建资源共享平台，为普通学校教师提供教育教学专业支持。其次，资源中心应充分挖掘地区的优势资源，如高校、医院、专业机构和社会组织的专业资源，成立专家委员会，实现专业指导多元化。

参考文献

［1］王红霞，王秀琴，王艳杰.融合教育教师对区级特殊教育资源中心职能期望的调查研究［J］.中国特殊教育，2018（12）：10–14.

［2］秦铭欢，黄永秀.特殊教育资源中心发展问题的质性研究［J］.现代特殊教育，2021（18）：72–78.

［3］冯雅静.我国县级特殊教育资源中心建设和运作：政策演进、现实困境与对策［J］.中国特殊教育，2020（7）：19–23+43.

［4］何智芳.佛山市特殊教育区域融合教育质量提升的路径探析［J］.新课程研究，2020（2）：7–8.

［5］秦铭欢，黄永秀.特殊教育资源中心发展问题的质性研究［J］.现代特殊教育，2021（18）：72–78.

［6］武砀，王翠艳，胡胜.台湾高校资源教室服务功能解读及启示［J］.绥化学院学报，2016（4）：15–19.

［7］王红霞，王秀琴，王艳杰，莫琳琳，张俊贤.特教中心对促进区域融合教育发展的作用研究——以海淀区特教中心为例［J］.中国特殊教育，2017（4）：41–45+52.

［8］秦铭欢，刘霏霏.关于特殊教育资源中心职能期待的调查研究
［J］.教育与教学研究，2021（12）：111-120.

［9］温联洲.融合教育背景下特殊教育专业化发展体系的区域建构与
实践——以广东省佛山市顺德区为例［J］.现代特殊教育，2021
（11）：10-13.

中篇　慢教育　融发展的理论研究

南海区资源教师与特殊学校教师的
工作满意度调查

佛山市南海区桂城街道桂江第三小学　何惠如

一、问题提出

作为特殊教育的主要实施者，特殊教育教师承担着特殊学生的教育教学重任，他们是我国特殊教育事业发展的中坚力量。《2018年全国教育事业发展统计公报》数据显示，截至2018年7月，全国共有特殊教育学校2 152所，各种形式的特殊教育在校生66.59万人，特殊教育学校共有专任教师5.87万人，比2014年专任教师0.27万人，增长4.78%。随着特殊教育的改革和发展，特殊教育教师队伍的建设和管理成为特殊教育高质量发展的关键。

国务院《关于加强特殊教育教师队伍建设的意见》指出，教师地位待遇不断提高，要形成一支数量充足、结构合理、素质优良、富有爱心的特殊教育教师队伍。关注特殊教育教师心理健康，定期开展心理健康咨询。

然而，特殊教育教师相对于普通教师有着全然不同的特性，由于学生的特殊性和多样性，特殊教育教师需要更多、更全面的知识和耐心，承担着更多非教育教学性的工作与压力。普通学校担任资源教师，不仅要承受普通特殊教育教师的工作和心理压力，而且学校对随班就读工作的认识不足，导致特殊教育教师体会到的工作成就感与价值感少，其工作满意度也低。笔者试图从特殊学校教师与普通学校资源教师工作满意度的差异出发，探讨提升特殊教育教师工作满意度的主要因素，从而对特殊教育教师的管理提出一些建议。

作为广东省较早开始发展特殊教育的地区之一，佛山市南海区的特殊教育形成了以南海区星辉学校为中心，各个镇街选定一到两所普通学校设立特教班为辅的特殊教育体系。佛山市南海区的特教老师主要分为两类：特殊学校教师和普通学校资源教师。这两种截然不同的教师工作形式，承担着全南海区特殊需要儿童义务教育阶段的教育教学工作，形成了南海区独特的特殊教育教师队伍。提升特殊教育教师队伍的工作满度，可以从两者的差异出发。

二、研究方法

工作满意度是指组织成员根据其对工作特征的认知评价，比较实际获得的价值与期望获得的价值之间的差距之后，对工作各个方面是否满意的态度和情感体验。特殊教育教师工作满意度是指从事特殊教育工作的教师对工作对象、工作环境以及工作条件等因素的总体感受与看法。

（一）研究目的

了解佛山市南海区特殊教育教师的成就感和工作满意度，对比特殊学校教师和普通学校资源教师的工作满意度的异同，探讨特殊教育教师工作满意度的主要影响因素，发现存在的问题，提出教师管理建议。

（二）研究假设

假设一：南海区特殊学校教师与普通学校资源教师工作满意度存在差异。

假设二：普通学校资源教师工作满意度显著低于特殊学校教师。

（三）研究对象

本研究采取方便取样的方式，从佛山市南海区星辉学校和普通学校资源教室及特教班选取44名特殊教育教师进行调研。其中，特殊学校教师26人，占59.1%；普通学校资源教师18人，占40.9%。

（四）研究工具

本研究采取用由陈霞（2015）改编的《特殊教育教师工作满意度调查问卷》。问卷分为三部分，第一部分为被调研教师的基本信息，包括性别、年龄、学历、学校类别、从事特殊教育的时间、每周课时数、职称和是否担任行政职务；第二部分为特殊教育教师的工作成就感问卷（11题），调研特殊教育教师在教育中的成就感，该部分采用李克特5点评分方式（1=非常不同意，5=非常同意）；第三部分为特殊教育教师的工作满意度（共32题），包括六个维度：工作氛围（11题）、工作本身（8题）、工作待遇（4题）、工作压力（3题）、工作条件（3题）和工作对象（3题）。每个题目根据符合程度分为完全不符合、大部分不符合、不确定、大部分符合、完全符合。

三、研究结果

（一）南海区特殊教育教师的基本情况

1. 特殊教育教师的学历

从表1可得，被调查教师中本科学历最多，占72.7%，研究生学历占6.8%，专科和中师，共占20.5%。对普通小学特教教师和特殊学校教师学历情况进行卡方检验，卡方值为11.423，P值为0.01（<0.05），差异显著。被调查的普通小学特教教师全部为本科学历，特殊学校教师学历以本科为主，中师、专科、硕士均有。

表1 被调查教师的学历和性别情况

类别	内容	频数（人）	比例（%）
学历	中师	1	2.3
	专科	8	18.2
	本科	32	72.7
	硕士	3	6.8
性别	男	9	20.5
	女	35	79.5

表2 学校类别与学历交叉表

学校类别	学历				卡方	P值
	中师	专科	本科	硕士		
普通小学特教教师	0	0	18	0	11.423	0.01
特殊学校教师	1	8	14	3		

2. 特殊教育教师的职称情况

职称方面，无职称教师最多，占45.1%，初级职称占29.41%，中级和高级教师共10人，约占19.61%。说明当前特殊教育教师职称比例情况整体偏低，高级职称人数占比较少。

表3 特殊教育教师的职称情况

职称等级	数量（人）	比例
高级职称	2	3.92%
小学一级教师（或中级）	8	15.69%
小学二级教师（或初级）	15	29.41%
无职称	23	45.1%
其他系列（技术员）	3	5.88%
本题有效填写人次	51	

3. 教师年龄情况

普通小学特教教师和特殊学校教师的年龄情况存在较大差异。资源教师年龄整体偏低，大多数教师属于"新手资源教师"。特殊学校教师

31～40岁的人数最多，占39.22%，年龄为18～25岁和26～30岁的教师分别为14人和12人，共占50.98%，呈现较好的年龄结构。

表4　教师年龄情况

教师年龄段	数量（人）	比例
18~25	14	27.45%
26~30	12	23.53%
31~40	20	39.22%
41~50	4	7.84%
51~60	1	1.96%
60以上	0	0%
本题有效填写人次	51	

4. 教师每周课时情况

从不同学校的周课时数情况分析，普通学校特教教师的周课时差异较大。在特殊学校教师周课时情况中，只有9.80%的教师每周上课不足10节，49.02%的教师周课时数为16～20节课。这与特殊教育教师担任行政职务的人数较少有关。

表5　教师每周课时情况

周任课时数	数量（人）	比例
10节以下	5	9.80%
11~15节	13	25.49%
16~20节	25	49.02%
20节以上	8	15.69%
本题有效填写人次	51	

5. 教师担任行政职务情况

特殊教育教师担任行政情况，90.20%的特教教师未担任学校和教育的行政职务。在被调查对象中，仅5人担任行政职务，仅为9.80%，说明当前特殊教育教师担任行政职务的比例较少，主要以教育教学工作为主。

表6　教师担任行政职务情况

是否担任行政职务	数量（人）	比例
是	5	9.80%
否	46	90.20%
本题有效填写人次	51	

（二）特殊教育教师工作满意度现状分析及差异分析

1. 特殊教育教师工作满意度现状分析

数据表明，当前南海区特殊教育教师对工作成就感和满意度整体处于中等略偏上水平，成就感平均得分为3.58分，满意度平均得分为3.49分。满意度六个子维度中得分最高的首先是工作对象，满意度为3.98分，其次是工作本身，满意度为3.80分。其中，被调查教师对工作强度满意度最低，仅为2.83分，说明目前南海区特殊教育教师的工作强度较大，管理者需要进一步规划和管理特殊教育教师工作量。

表7　特殊教育教师工作满意度现状分析

维度	满意度						成就感
得分	3.49						3.58
子维度	工作对象	工作本身	晋升机会	薪酬水平	同事关系	工作强度	/
得分	3.98	3.80	/	/	/	2.83	

2. 特殊教育教师工作满意度差异分析

以教师性别、年龄段、周课时数、学历、职称、是否担任行政职务等为自变量，特殊教育教师工作成就感、工作满意度等维度为因变量进行单因素方差分析，结果如下：

在性别方面，男女特殊教育教师在工作成就感上的得分没有显著差异；在工作满意度上，女教师对工作本身和工作对象的满意度显著高于男教师（$P < 0.05$）；在工作待遇维度上，男教师的满意度显著高于女教师。说明被调查教师的工作满意度存在性别差异。

在年龄方面，不同年龄段的教师的工作待遇存在显著差异（$P<0.05$），且年龄大的教师对工作待遇的满意度高于低年龄段教师。在成就感方面，不同年龄段的特殊教育教师没有显著差异。

在学校类别方面，不同学校的教师工作成就感无显著差异。在工作满意度上，特殊学校教师对工作氛围满意度显著高于普通学校的特教教师。

周课时数不同的教师，工作成就感存在显著差异。在满意度各维度中，教师对工作对象满意度受周课时数影响，差异显著（$P<0.05$）。

在学历方面，由于中师学历的样本仅有一个，不具有代表性，将"中师"与"专科"合并为"专科及以下"。不同学历的教师的工作成就感存在显著差异（$P<0.05$）。专科及以下学历和本科学历教师的工作成就感显著高于硕士学历教师。在工作满意度上，不同学历教师对工作条件满意度差异显著（$P<0.05$）。

在职称方面，不同职称的教师对工作待遇满意度差异显著，小学一级职称（中级职称）教师的工作待遇满意度远高于其他职称的教师。

在是否担任行政职务方面，担任行政职务的教师的工作成就感显著高于没有担任行政职务的教师。工作满意度上，担任行政职务的教师对工作本身、工作氛围、工作待遇的满意度显著高于没有担任行政职务的教师。

综上，整体而言，特殊教育教师的性别、年龄、周课时数、学校类别、学历、职称、是否担任行政职务等因素影响着教师对工作的满意度。

四、分析与讨论

（一）南海区特殊教育教师队伍的基本情况

从整体情况而言，本研究中特殊教育教师的学历情况与职称情况和当前已有研究结果一致。普通学校特教教师出现全部为本科学历情况，可能与南海区资源教师专业化发展起步较晚，特教教师准入制度严格控制相关。

（二）南海区特殊教育教师工作满意度水平及其差异

教师工作满意度是一个整合的概念，在本调查中，包括工作成就感、工作本身、工作氛围、工作待遇、工作压力、工作条件和工作对象的满意度七个方面。研究发现，当前南海区特殊教育教师工作满意度总体水平中等偏上。教师对工作本身、工作对象、工作氛围满意度较高。这表明南海区特殊教育教师对教师职业的认同感较高，对教育对象富有爱心和责任心。在学生普遍学习能力较弱的情况下，能够主动地调整对教育对象的要求和期望。

数据显示，南海区特殊教育教师对工作强度满意度得分较低，31.8%的教师反应，特殊教育工作给教师的身体健康带来了负面影响。这与特殊教育的特殊性相关，特殊教育强调个别化，需要教师反复对每一个学生、每一个问题进行个别化研究，工作琐碎、重复较多，非教学性工作繁重，而集体教学的压力并没有相应减少，造成教师对工作强度的不满情绪严重。

南海区特殊教育教师工作满意度差异分析方面，工作氛围、工作对象和工作待遇受不同因素的影响较大。

工作氛围满意度差异分析，特殊学校教师对工作氛围满意度显著高于普通学校特教教师。教师工作氛围维度包括学校为教师提供精神和物质支持，体现了学校内教师间的协作和支持，是影响教师工作满意度的首要维度。特殊学校以特殊教育教师为主体，学校行政领导与管理者多为特教专业出身，管理者充分了解特殊教育教师的工作的艰辛与付出，同时特殊学校在资金方面更为充足，有利于创造较好的物理和人文环境，激励教师努力工作。同时，特殊教育工作性质导致教师间竞争较少，特殊学校注重教师间协调合作，同事间关系和睦，教师工作满意度更高。普通学校由于学校发展重心和对特殊学生的认识局限，在政策的制定和教师队伍的建设以普通教师的需求为主，而往往忽略特殊教育教师的需求，导致普通学校特殊教育教师对工作氛围的满意度远低于特殊学校教师。

教育对象满意度差异上，男教师对教育对象的满意度显著高于女教师，这可能因为特殊教育师资队伍男女教师比例失衡，男教师对学生的控制力更强，不容易受到学生行为问题的影响，从而对学生的满意度更高。

周课时数较少的教师对工作对象的满意度高于周课时数多的教师。周课时数超过16节课的教师每天面对学生的时间更多，存在更大的教学压力和学生行为管理压力，同时长时间的接触使教师更容易发现学生的缺点和问题，因此教师对工作对象的满意度降低。反之，每周少于10节课的教学时间，使得教师更加珍惜与学生相处的时间，教师更趋向于发现学生的优点，因而对教育对象的满意度较高。

工作待遇满意度差异上，性别、职称和是否担任行政职务影响显著。男教师对工作待遇的满意度显著高于女教师。职称越高的教师对工作待遇的满意度越高。担任行政职务的教师对工作待遇的满意度显著高于没有担任行政职务的教师。

五、建议

（一）专职专干调整教师工作范围，提高特教教师教育的质与量

目前南海区特殊教育的学生管理主要以特教教师包办为主，特教教师承担了大量保育、生活管理等非教学性工作，普通学校特教班教师情况更为严重。因此，建议在班级中引入保育员或生活教师等职务，教师与保育员各司其职，让特教教师专注于学生的教育教学和教学研究，提高教师教育的质与量。

（二）建立长效反馈机制、创造良好的工作氛围

学校管理主要是为学生和教师服务，使教师更好地教和学生更好地学。因此，学校应该重视每一位教师的意见和想法。在管理工作中，充分体现教师的主体性，学校相关决策都应该有教师的参与，建立上下联动的长效反馈机制，营造良好的工作氛围，让特教教师人尽其心，只有这样，学校政策的执行才会更加畅通、有效。在普通学校中，特殊教育教师应有

相应的决策力，由特殊教育专业教师担任部分行政管理工作，有利于特教教师在普通学校的长足发展。

教育局及相关教育管理部门应出台普通学校特教教师管理准则，针对性地为普通学校提供特教教师管理建议，引导普通学校重视和加强特教教师福利。

（三）教师合理调整自身对教学的期望

特教教师在走上讲台前，就应该充分认识到特殊教育的特殊性。由于教育对象的特殊性和异质化，特教教师应能正确认识并适应工作的内外部环境，保持良好的心态，学会调整自己。在教学上设置合理的教学期望，调整对学生的预期以符合特殊孩子的身心发展规律，树立正确的职业观，努力提升自身的专业素养。建立良好的师生关系，领导、同事关系，实现自身对归属感需要的目标，只有这样，特殊教育教师才能真正享受工作带来的成就感，对工作意义和价值的认识更客观。

参考文献

［1］孙汉银.论组织行为学中的组织政治知觉［J］.北京师范大学学报（社会科学版），2004（1）：45-50.

［2］冯雅静，朱楠.随班就读资源教师专业化发展的现状与对策［J］.中国特殊教育，2018（2）：45-51.

［3］柴江，王军.特殊教育教师职业认同与工作满意度的调查研究［J］.中国特殊教育，2014（11）：8-14.

中篇　慢教育　融发展的理论研究

融合教育背景下劳动技能
课程建设的探索

佛山市南海区桂城街道桂江第三小学　何惠如

劳动教育一直是培养优秀社会主义建设者和接班人重要的部分，不容忽视。

2015年，教育部、共青团中央、全国少工委发布《关于加强中小学劳动教育的意见》，掀起了一线中小学发展劳动教育的热情。2017年，在《国家中长期教育改革和发展规划纲要（2010—2020年）》和《特殊教育提升计划（2014—2016年）》的指导下《培智学校义务教育劳动技能课程标准》（以下简称"《劳动技能课程标准》"）正式编制完成并发布。在注重劳动教育的现在，探索出一条适合特殊教育与普通教育相结合的劳动教育课程有创新性的意义。作为桂城街道为一所设立特教班兼任桂城街道随班就读指导中心的学校，佛山市南海区桂城街道桂江第三小学结合学校与地区发展实情，在普特共融的背景下，充分考虑普通学生和特殊学生理、心理发展的特点，实验性地开创劳动教育融合课程，创设地区特殊学生劳动技能试验基地，同时，提升普通儿童劳动教育质量。

一、劳动教育的现状

一直以来，我国劳动教育存在诸多薄弱环节和问题。一方面，由于特殊学生身体发育的原因，家长和教育者一直以保护者的心态教育学生，下意识地避免学生进行一些生活劳动。因此，劳动教育在学校中被弱化，在家庭中被软化，在社会中被淡化，中小学生劳动机会减少、劳动意识缺乏，出现了一些学生轻视劳动、不会劳动、不珍惜劳动成果的现象。

（一）特殊学生劳动教育的现状

目前，我国特殊学生的劳动教育（职业教育）主要以高中阶段为主。虽然许多特殊学校在义务教育阶段设置了劳动技能的课程，但由于缺乏系统性的课程内容和教材，劳动教育往往被忽视。

另外，劳动教育的环境主要是在日常教学的教室。然而，在教室环境教学不利于学生的技能的迁移和泛化，劳动意识的培养和劳动技能的形成也不能仅靠课堂的时间。教师反反复复教，学生反反复复学却还是不会用，教育效率低下，更加不利于学生感受劳动的喜悦。

劳动教育的方式主要以教师口头讲解和操作演示为主，教学方式单一、枯燥，难以引起学生的学习兴趣。

（二）普通学生劳动教育的现状

目前，我国现行的《义务教育课程设置实验方案》没有开设明确的劳动教育课程，仅在综合实践课程中包含部分劳动与技术教育等内容，劳动教育方面的课程教学几乎为零。

学生日常劳动活动机会少，不少学生家长为了让孩子有更多的时间学习、写作业，直接代替学生做教室清洁和值日任务；不少学校将本来应该交给学生的美化校园的劳动，交给了清洁阿姨。学生在校劳动机会减少、劳动意识缺乏。

缺乏相应的劳动教育评估，学生难以形成良好的劳动习惯，劳动技能的综合运用能力参差不齐。

二、劳动教育融合课程的意义

劳动教育融合课程旨在培养特殊学生劳动和自我服务能力的同时，能够培养青少年劳动意识，改善学生轻视劳动、不会劳动、不珍惜劳动成果的现象。

《劳动技能课程标准》明确指出，劳动教育要使学生获得成功的劳动体验，增强劳动意识，养成劳动习惯，学会沟通与合作，形成良好的品德和健康的心态，获得劳动技能的综合运用能力。

融合的课堂学习环境，特殊学生经常有机会接触普通学生，进行日常的交流和互动，在互动中互相学习、互相配合、互相了解，从而提高沟通和合作能力。普通学生作为小老师可以手把手地教特殊学生，一对一地进行能帮助对方快速掌握劳动知识，普通学生也能在指导和帮助他人时巩固所学的知识和技能，培养了普通学生的耐心和责任心。

普通学生能在融合的环境中发现每个特殊学生身上的闪光点，从而更加愿意帮助身边的特殊学生，促进普特共融。

三、课程设计的原则

（一）实践性原则

《劳动技能课程标准》明确指出劳动技能课程是以学生获得积极的劳动体验，掌握生活必备的劳动技能，提高社会适应能力为目标，是一门以实践学习为特征的必修课程，它要求学生通过亲身实践的直接经验获得劳动技能和劳动体验。因此，课程内容的选择和实施必须以实践性内容为主。在课程实施的过程中，以学生为主，多样化的参与劳动技能的学习，在劳动实践中学习，"做中学，学中做"，让学生在操作、体验、探究和解决问题的过程中获得直接经验。

（二）显性与隐性相结合

如苏霍姆林斯基所说"一所好的学校每一幅墙都会说话。"隐性课程能够为学生创造良好的物质和精神环境，在不知不觉中体会到劳动的乐趣，学会劳动，乐于劳动。

（三）学校与家庭教育相结合

义务教育阶段劳动教育的目的是提高中小学生的劳动素养，促进他们形成良好的劳动习惯和积极的劳动态度。劳动教育想要达到教育目标，不仅要因地制宜地开发好、利用好学校的一切资源，同时要充分利用家庭资源，挖掘社区和社会资源，使家庭和社会的人才、物质资源与校内资源互为补充。因此要求学校与家庭相结合，在家校联动中培养学生的劳动习惯和劳动态度，形成"1+1＞2"的教育合力。

（四）走出去与引进来相结合

劳动技能是一门实践性较强的课程，课程源于生活也要回归生活。学生在学习了简单劳动技能、职前劳动技能之后，可以通过相应的实践活动来应用所学技能，解决生活实际的问题。走出班级，与普通学生一起劳动，甚至走出学校做一些简单的清洁社区的劳动。将学生亲手制作的手工作品进行义卖，让社区中的居民认识特殊人群，接纳他们。同时，我们将专业职业教育的教师引进来，将社会人士引进来，使学生有更多的学习资源。

（五）信息化技术支持原则

劳动教育应充分应用现代化信息技术，开发数字资源平台、搭建资源与知识共享平台，建立学习型组织的环境。资源平台内容包括劳动教育知识、课堂实录、技能训练视频、劳动技能教材及技能评估标准等，为教师提供教学资源保障。

四、课程建设实践

以佛山市南海区桂城街道桂江第三小学（以下简称"桂江三小"）为例。

（一）认知课程——劳动技能课程

劳动节技能课程使劳动教育的基础和主体。教师根据动作能力和认知水平，结合家长意见选择恰当的学习内容，为高低年级设定不同的目标。教师通过对目标技能的分析和分解成几个简单独立的步骤，这几个小步骤连接形成的劳动技能的链锁，教师会拍摄技能每个步骤的照片或录制技能分解视频，配合讲解和演示，以及学生的活动，多方位、多感官教学。

（二）主题整合课程（生活语文、生活适应、生活数学、劳动技能）

劳动教育并不是单独靠劳动技能课来完成。桂江三小将劳动技能与生活语文、生活适应、生活数学甚至畅游与律动和绘画与手工进行主题整合。在共同的教学主题之下，每个学科在该学科的范畴进行同一主题的教学，互相配合、互相补充，形成教育效果最大化。以家庭生活这一单元主题为例，生活语文的主要内容是招待客人、整理房间和玩火危险，劳动技能中的叠衣服是生活语文中整理房间的具体化拓展，整理房间又是叠衣服内容的补充。

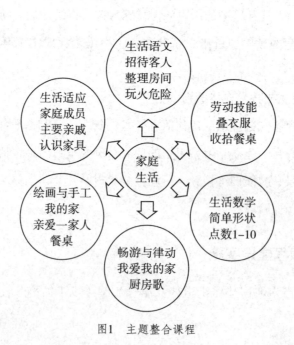

图1　主题整合课程

（三）生活体验课程——每月主题活动

生活体验课程是融合课程，在单元主题内容学习完成后进行的课程，在该课程中，普通班的一些融合小伙伴和特殊学生一起进行实地劳动。例如，种植主题课程中，各科教师教授了种植的各方面知识，劳动技能课程中教授了种菜苗的基本步骤和注意事项。生活体验课程中，教师带着特殊学生和融合小伙伴一起在学校菜园中种植茄子、西红柿等蔬菜，教师学会指导，融合小伙伴一对一组合劳动，每个学生都在真实的体验中巩固了学到的知识和技能。部分在学校无法进行真实体验的技能活动，教师会在学校范围内模拟进行。同时，布置家庭（家长）作业，教师将相关技能的学习材料发给家长自主学习，在家中进行真实劳动，并录制视频作为作业材料。

（四）隐性课程——注重班级和学校环境创设

身边人的每一句赞扬和教室里的每一面墙都是最好的老师。桂江三小注重精神和环境的熏陶。教室后的墙壁上是每个单元主题的相关内容，侧面的墙上是每月的值日劳动名单，黑板上每天写着劳动之星的名字。教师也非常注重学生劳动意识的培养，当发现学生主动帮助教师做事，为班级劳动时，必定会让全班学生发现并集体赞扬。

五、总结与反思

（一）总结

1. 注重《劳动技能课程标准》的指导作用

教师在实际教学中，无论是编写教材、确定教学内容，还是制定教学目标，必须符合学生的身心发展水平，有一个循序渐进、螺旋向上的系统化的标准，以教育部颁布的《劳动技能课程标准》做指导。此标准确定了劳动技能的课程性质、课程基本理念、课程设计思路、课程目标、课程基本内容等，为一线学校建立课程体系和教学提供了权威的标准和指导。

桂江三小融合劳动教育课程紧紧围绕着《劳动技能课程标准》，参考

《义务教育小学综合实践活动课程标准》，无论是在确定单元主题、选择教学内容，还是在制定教学目标、进行学生评估的过程中，都以《劳动技能课程标准》为指导。

2. 充分发挥普通学生的作用

普通学生在融合劳动课程中同时担任学生、学习伙伴和助教三个角色，有着至关重要的作用。教师的教学中不仅设计教学活动，还会注重设计普通学生的辅导活动，指导普通学生如何帮助特殊小伙伴，给予充分的实践进行融合小组练习时间，达到教师少说，普通学生当小教师、好伙伴的效果。在充分发挥普通学生的伙伴作用的过程中，我们发现，参与的学生在沟通和技能的发展方面有很大的进步，普通学生减少对特殊学生的误解，成为好朋友的情况比比皆是。

3. 注重劳动意识培养

《劳动技能课程标准》将课程目标分为三个层次，分别是低年级培养劳动意识，形成良好劳动习惯；中年级提高自我服务和家务劳动技能，增强劳动兴趣；高年级增强热爱劳动的情感，提高劳动技能的综合运用能力。可见，劳动意识和劳动习惯是形成劳动技能及综合运用能力的基础和前提。

桂江三小教师尤为重视学生的日常劳动习惯的养成和劳动意识的培养。学校就是学生的家，学生在校当家作主承担起班级的所有劳动任务。特教班每月制定班级值日表，学生按照值日表主动完成扫地、擦黑板、整理书包、整理桌椅等工作。由于教师注重劳动教育和及时表扬，因此学生劳动更加自动自觉，甚至抢着做，不少家长反馈学生也经常在家中主动帮助家长完成家务。

4. 多元化评价原则

课程评价的目的是通过客观的评价发现学生学习中存在的问题，为教学策略和方法的改进指明方向，通过评价充分调动学生学习的积极性，从而提高学习质量，促进学生发展。采用多元化的评价方式，力求全面和客观地评价学生的学习情况。首先，采用多元化的评价方式，运用成长记录袋、作品评定、日常观察、活动视频等方式进行评价；其次，评价主体多元化，教师、家长、融合伙伴和特殊学生本人共同参与评估，多角度提供信息。

（二）反思

1. 劳动课程成果可视化

劳动课程的课程往往是通过学生的双手对环境和物品做出改变，这些改变可能并不明显，学生不易察觉。教师可以用拍照或录制视频进行前后对比，展示手工作品等，让学生的劳动结果可视化，通过自然的劳动改变强化学生的劳动意识，逐渐减少物质强化和语言强化，让学生真正地感受到通过双手的劳动改变环境的乐趣和魅力。

2. 加强融合教育与劳动教育宣导——少先队活动

劳动教育更重要的是一种渗透性、隐性的教育，学校层面的精神教育显得尤为普适而又重要。全校性的融合劳动教育应该重视全校性宣导，通过组织各类少先队活动，形成良好的教育氛围，如少先队举行校级劳动比赛，全校性融合教育讲座等，将学校的精神氛围带动起来。

3. 课程建设和实施应有长期的规划并不断调整

融合劳动课程建设不能一蹴而就，它是一个长期、反复的过程。建立一个完整和健全的教育体系，我们需要在有规划的实践基础上，不断总结、不断修正，使课程始终处在发展变化之中，使它成为"活"课程。缺乏长期规划的课程就像没有目标的人，容易迷失课程建设的本质，为了课程建设而建设，没有实践和调整的课程容易背离课程的目标。

参考文献

[1] 中华人民共和国教育部. 培智学校义务教育课程标准（2016年版）[S].北京：人民教育出版社，2016.

[2] 魏英杰.《培智学校义务教育劳动技能课程标准》解读[J].现

中篇 慢教育 融发展的理论研究

代特殊教育，2018（11）：34-36.

［3］洪丽萍.培智义务教育劳动技能校本课程建设的实践研究［J］.现代特殊教育，2016（15）：72-74.

［4］王琼.浅谈《培智学校义务教育劳动技能课程标准（2016年版）》对培智劳动技能课程的指导和启示［J］.教法·教学·课程，2018（11）：134-135.

［5］邓淑敏.普通学校特教班课程设置与实施探究［J］.现代特殊教育，2017（13）：40-42.

优化资源教室建设，提升随班就读工作有效性

佛山市南海区桂城街道桂江第三小学　李丽生

一、问题的提出：以随班就读学习质量为导向的资源教室功能定位

自1988年召开全国第一次特殊教育工作会议以来，我国开始形成以特殊教育学校为骨干、普通教育学校附设特教班与随班就读为主题的特殊教育发展格局。融合教育已经成了特殊学生接受教育的主要形式。然而，随着融合教育规模的发展，其质量问题愈加凸显。研究表明，资源教室支持力度的缺失是影响特殊学生随班就读质量的主要因素之一。

特殊教育资源教室是推进残疾儿童少年在普通学校随班就读工作的关键支撑，对全面提高特殊教育普及水平具有不可替代的重要作用。2017年12月，教育部在《义务教育学校管理标准》中明确指出：坚持合理便利原则满足适龄残疾儿童随班就读需要，创造条件为有特殊需要的学生建立资源教室，配备专兼职教师。

然而，目前我国资源教室建设还停留在硬件阶段，特殊教育专业资源缺乏，对随班就读学生学习质量的关注不够，资源教室职能发挥十分有限，无法为随班就读学生提供更有效、更全面的个别化服务，甚至对资源

教室的功能定位发生偏差。成都市双流区基于学习质量提升资源教室功能建设，是提升融合教育质量的重要举措。

双流区提出了随班就读学生学习质量提升的功能结构，包括：环境支持质量观、过程支持质量观和个体支持质量观，并厘清了资源教室功能定位的四个方面：层级管理、专门整合、个案服务和资源组织。

笔者认为，成都市双流区以随班就读学生学习质量为导向的资源教室功能定位的观念能满足普通学校特殊学生的教育需求。

二、完善资源教室功能建设，优化随班就读服务模式，提升融合质量

确定了以随读生学习质量为导向的资源教室功能定位后，可以参照双流区资源教室功能结构定位中的过程质量（个案服务、系统管理、专业团队建设、课程建设、考核评估），完善普通学校中资源教室的功能建设，其中包括挖掘新功能和优化核心功能，以提升融合质量。

2013年至今，经过在佛山市某小学的资源教室建设和随班就读工作实践，我们在资源教室原有功能的基础上，发现了资源教室能够承担学生教育评量（入学前、学习中、学期末评估），也能在资源教室内通过融合小组活动进行校园融合宣导，还能进行特殊教育教师教研、家长和普通教师特殊教育培训，甚至承担区域内和跨区域的随班就读工作巡回指导及交流活动。经过多年探索，我们整理好了普通学校中资源教室的功能板块及具体职能。

（1）个案服务：个别化教育咨询和评量、个别化档案管理、个别化教育康复训练。

（2）课程建设：个别化支持服务、外加课程、教学调整、个性化课程。

（3）团队建设：教科研活动、普通教师和家长培训、融合宣导。

（4）片区管理：巡回指导、评估普通学校特殊教育工作、区域特教资源的整合。

有了资源教室的服务支持，我们需要明晰服务的流程，优化随班就读的服务模式，让普通学校中特殊学生的教育得到保障。服务流程主要有初步筛查、专业鉴定、认定服务、安置、建立档案以及提供教育服务。具体操作为：

（1）初步筛查：结合学生在新生入学面试或在学业期中的表现，教师通过观察、与家长沟通、查看资料等发现疑似个案。

（2）专业鉴定：学校建议家长带疑似个案到专业鉴定机构或医院进行鉴定。

（3）认定服务：拿到鉴定结果后，帮助符合要求的个案申请为随班就读学生，接受随班就读服务。

（4）安置：认定了随班就读学生后，家长和学校共同商讨适合个案的安置方式，对于无严重问题行为的轻度障碍学生，主要安置在普通班级。

（5）建立档案：落实一人一档，收集学生资料，根据学生的特殊需求，建立个别化的教育方案，由资源教师负责档案管理和跟新工作。

（6）提供教育：教师为学生提供个别化的教育目标和计划，个别化的辅导内容，及其他特殊教育专业服务。

一位有特殊需要的儿童在普通学校接受教育的流程和工作措施包括：观察、筛查、鉴定、申请、安置、建档、个别化教育。

三、关键落实资源教室课程建设与调整，提升随班就读学生的学习质量

建设能为所有人提供教育的学校之关键是设计所有人能够使用的、灵活的课程，即让学生使用适合的课程才能接受到合适的教育。全纳教育指导方针也提到，融合教育要实现真正意义上的融合，教育的实践者和研究者就必须重视并推动课程的发展，使有特殊需求的学生和普通学生一起充分地、平等地参与学校课程活动。

影响融合教育质量及学生学习质量的因素众多，其中的关键在于课程

建设。课程之于人的发展和教育事业的发展具有十分重要的影响，这需要我们对普通教育传统的课程与教学进行调整，使之适应所有学生能力的发展，促进多方进步，让所有学生学有所成。

课程建设与调整是资源课室最关键的功能，包括了课程设置、课程实施及课程调整，其中课程调整是难点。有研究发现，普小教师融合教育课程与教学调整的水平处于中等以下；作业调整得分最高，教学调整、目标调整、评价调整得分居中，而教材调整得分最低。无论是课程设置、课程实施，还是课程调整，都要以学生需求为中心。我们在此原则下，对课程设置、课程实施及课程调整三方面的内容进行分析和阐述。

1. 课程设置

经过整合，课程设置的板块如下：

（1）主体课程：语文、数学、英语（人教版教材）（原版教材或适合年级的教材）。

（2）辅助课程：教育康复（动作、语言、社交、行为）、学科补偿（语数英）。

（3）特色课程：融合小组课、社交社团课、社区主题课等。

2. 课程实施

根据学生评量结果以及个别化教育会议的商讨，会为学生设计和安排合适的课程类别以及课时安排，具体操作为：

（1）课程实施流程：初期评估—目标制定—计划制订—康复实施—期末评估。

（2）课程安排的形式：外加+抽离。首先在评估中确定学生的特殊教育需要，通过午休、托管时间外加课程；其次评估学生在原班的课表，对无法融入的课程进行抽离，抽离到资源教室学习同科目内容或完成更迫切需要的训练，如语数英主科内容，落后于同年级学生一个年级以上，则需要抽离，而对于行为问题则需要外加。

四、小结：优化资源教室建设，提升随班就读工作的有效性

资源教室在普通学校融合教育推进过程中发挥着至关重要的作用，利用好资源教室的"资源"，能为普通学校随班就读的学生提供更合适的教育、更个性化的服务，最关键是能提升随班就读学生的融合质量，推进融合教育的长效发展。

优化资源教室建设首先要确立以随班就读学习质量为导向的资源教室功能定位；其次要挖掘资源教室的功能，完善功能结构，为随班就读学生提供更全面的服务；再次要优化随班就读服务模式，切实做好随班就读学生的课程建设与调整，为学生接受合适的教育不断努力、不断创新，致力于随班就读学生学习质量的提升，让学生达到课程融合，实现真正意义上的融合教育。

参考文献

[1] 朴永馨.特殊教育学［M］.福州：福建教育出版社，1995.

[2] 王洙，杨希洁，张冲.残疾儿童随班就读质量影响因素的调查［J］.中国特殊教育，2006（5）：3-13.

[3] 教育部办公厅.普通学校特殊教育资源教室建设指南［J］.现代特殊教育（基础教育研究），2016（3）：9-12.

[4] 孙颖.北京市资源教室建设现状与发展对策［J］.中国特殊教育，2013（1）.

[5] 石彩霞.加强资源教室功能建设，提升随班就读学生学习质量［J］.现代特殊教育，2017（11）：35-37.

[6] 邓泽兴.试论融合教育推动下的课程调整［J］.重庆文理学院学报，2012（6）：148-152.

[7] 联合国教科文组织.全纳教育指导方针——确保全民接受教育［M］.巴黎：联合国教科文组织，2005.

［8］魏寿洪，廖进，程敏芬.成渝两地普小教师融合教育课程与教学调整实施现状研究［J］.中国特殊教育，2018（6）：14-22.

［9］程敏芬.融合教育学生课程调整的行动研究［D］.重庆：重庆师范大学，2018.

社会故事法对自闭症儿童口语
能力干预成效之研究

佛山市南海区桂城街道桂江第三小学　陈文威

一、研究背景与意义

社会故事法作为自闭症儿童教育的有效干预方法之一，在外国运用的较多，但国内运用的相对较少，本研究在前人的研究基础上，提供社会故事法对自闭症儿童口语能力干预的研究实例，丰富国内对社会故事法运用在自闭症儿童干预上的理论意义。

自闭症儿童口语能力的缺陷，严重影响其社交能力的发展，难以与同伴建立友谊，也影响着其自身其他各个方面的发展。尤其是国内融合教育发展迅速，一些自闭症儿童进入普通学校就读后，因为其自身的社会交往障碍会使他们难以适应学校跟集体生活，加上口语表达需求能力的欠缺更容易产生挫折感。本研究旨在运用社会故事法提升自闭症儿童的口语表达需求的能力，从而提高其社会交往能力，使其能更好地适应学校集体生活。

二、研究设计

（一）研究对象

研究对象为研究者在校工作期间的一名特教班自闭症学生小曾（化名），男，12岁。研究者通过与家长访谈、教师访谈以及观察后发现，小曾在每天午餐后半个小时的活动时间里会未经班主任同意就去翻拿老师抽屉里的零食，并且经常会因为不懂得表达需求而得不到他想要的零食，从而引发情绪上的焦虑。

（二）研究框架

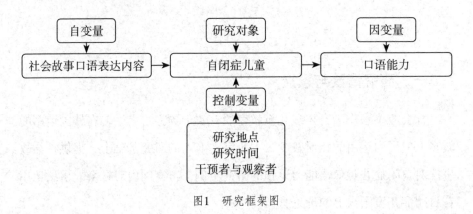

图1　研究框架图

三、实验设计

（一）准备

本研究的准备阶段：

研究者通过阅读与社会故事法相关的文献及资料，熟悉运用社会故事法干预自闭症儿童的操作。

研究者选取具备一定口语能力但口语能力表达方面需要提高的自闭症个案。

研究者与个案家长、班主任进行沟通，了解个案，并获得他们的干预允许；调查个案喜好物，准备好适合个案的增强物。

研究带领个案复习认识简单的生字，训练其口语发音以及口语表达能力。

（二）干预方案

本研究获得个案家长以及班主任的同意与支持，选取单一被试实验法，研究阶段分为基线期（A）、介入期（B）、维持期（M）三个阶段。

1.基线期（A）

该阶段不进行任何介入，研究者通过访谈个案的家长以及平时对个案的观察，了解个案的基本情况。在自然的环境下观察并记录被试的主动性口语表达需求情况（5天）进行资料收集，对个案目标行为进行记录、分析、评估。根据评估的结果，以及社会故事编写的原则拟定社会故事。

社会故事具体内容为：

老师的桌子里有很多零食。（描述句）

下课后，有时我会想要一些零食。（描述句）

这时我可以告诉老师："老师，我要零食。"（指导句）

这时老师如果同意，会跟我说："小曾，这是给你的零食。"（观点句）

这时我会说："谢谢。"（观点句）

得到老师的同意与关心，我会很高兴。（肯定句）

2.介入期（B）

该阶段为进行社会故事对个案口语表达需求能力的干预阶段，此阶段分为三个步骤进行。

第一步是阅读社会故事：研究者将拟定好的社会故事呈现给个案，观察个案对社会故事的反应，引导个案阅读社会故事的文字与图片内容，当个案能够将注意力放在社会故事上时，研究者给予个案增强物奖励。

第二步是社会故事的示范与理解：研究者讲解与示范社会故事的内容，告诉个案要面向研究者，眼神注视研究者，以口语的形式说出"老师，我要零食"，研究者才会满足其要零食的需求。个案要理解与掌握研究者拟定好的社会故事。

第三步是社会故事的理解测试：在无任何提示下，研究者先以询问的方式来检测个案对社会故事理解的情况，询问内容包括个案想要零食时需要怎么办（面向对方、眼神注视、辨识对方、口语表达）。当个案能正确说出，研究者给予增强物奖励；当个案无法正确说出，研究者给予提示，个案在提示下正确说出再给予增强物奖励。研究者模拟目标情境，观察与记录个案目标行为变化的情况。介入期一共25天。

3. 维持期（M）

该阶段研究者撤除对个案的社会故事干预，观察并记录被试的主动性口语表达需求的次数变化，进行为期5天的观察。该阶段的意义为检验社会故事法对自闭症儿童干预维持成效。

四、研究结果与讨论

（一）社会故事对个案口语表能力干预结果折线图

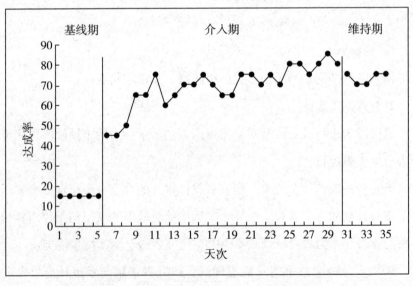

图2 社会故事对个案口语能力干预结果图

分析可以得出：

1. 基线期（A）

在该阶段，研究者不进行任何介入，收集个案目标行为得分情况，个案在此期间的5天中都有未经过老师同意就去翻拿老师抽屉中零食的情况，并且不会主动表达"我要零食"，个案只会低着头面对着老师，等老师同意给他零食。研究者根据本研究目标行为评量标准，得出个案在此阶段目标行为达成率稳定在15%，因此可进入下一个阶段。

2. 介入期（B）

在该阶段，研究者对个案的口语能力表达需求的目标行为进行了社会故事干预，从数据呈现情况看，个案口语表达"我要零食"的目标行为达成率最低值为45%，最高值为80%，总体呈现上升趋势，这说明社会故事对个案的干预效果明显有效。介入期后半段，个案目标行为达成率连续三天呈稳定趋势，因此可进入维持期。

3. 维持期（M）

在该阶段，研究者发现个案想要零食的时候不会像基线期时候未经老师允许就自己去拿，而是找到研究者（研究者是本班的实习老师），并在研究者的引导下，完成口语表达需求的目标行为。因此，个案在接受社会故事干预后，口语表达需求"我要零食"的目标行为得到维持，目标行为达成率呈现稳定状态，且远高于基线期。

（二）目视分析

表1　阶段内目视分析表

分析向度 阶段内名称	分析结果		
	基线期	介入期	维持期
阶段长度	5	25	5
水准范围	15%～15%	45%～80%	70%～75%
阶段内水准变化	0%	20%	0%
平均水准	15%	69.2%	73%

水准稳定度	100%	60%	100%
趋势方向	（－）	（／）	（－）

表2　阶段间目视分析表

分析向度 阶段间比较	分析结果	
	介入期/基线期	维持期/介入期
阶段间水准变化	30	－5
平均水准变化	54.2%	3.8%
趋向变化与效果	正向	正向
趋势稳定度的变化	从稳定到不稳定	从不稳定到稳定
重叠率	0%	100%

分析表1、表2可得出：

1. 基线期（A）

通过对个案在基线期（A）5次的观察，个案口语表达需求"我要零食"的目标行为达成率稳定在15%，水准范围为15%～15%，阶段内水准变化为0%，平均水准为15%，水准稳定度为100%，趋势方向稳定，可以进行介入期。

2. 介入期（B）

通过对个案在介入期（B）25次的干预的观察，个案口语表达需求"我要零食"的目标行为水准范围为45%～80%，阶段内水准变化为20%，平均水准69.2%，水准稳定度为60%，水准间变化为30，总体趋势方向是正向上升的，且此阶段与前一阶段重叠率为0%。因此，可看出社会故事对个案的目标行为干预成效显著。

3. 维持期（M）

个案在此阶段，水准范围为70%～75%，阶段内水准变化为0%，平均水准为73%，水准稳定度为100%。介入期到维持期，阶段间水准变化虽然为－5，但重叠率为100%，且与基线期相比，维持期的平均水准有明显上升，因此，维持期的个案口语表达需求"我要零食"的目标行为达成率较基线期仍有显著上升，证明了社会故事对个案目标行为的干预效果具有良好的维持效果。

综上所述，本研究表明，社会故事在对个案口语能力的干预上具有立即成效，且具有良好的维持成效。

（三）社会效度

研究者通过自编的访谈提纲对家长、班主任进行了访谈，以探讨本研究的社会效度，访谈资料整理如下：

1. 个案口语表达能力有提升

个案在学校由之前的几乎不会开口表达需求，到愿意开口说出"我要零食"的需求，口语表达的次数较干预前明显增多；个案由之前只能复述字、词，到干预后偶尔能说出简单的句子；个案在家中想零食的直接拿的频率有所减少，偶尔能说出"我要零食"。

2. 个案的社交能力有提升

个案在没有接受干预前在教室中想要零食不会询问老师，老师没同意的情况下就直接拿走零食，偶尔直接抢走同学的零食。干预后，个案抢同学零食的情况有所减少，偶尔能用口语表达出"我要零食"，等待老师或同学的回应，减少了与同学之间的矛盾，老师也更愿意把零食奖励给他。在家中，个案也偶尔向他人索要零食时会说出"我要零食"，与他人相处更为融洽。

综上情况，个案说出"我要零食"的口语表达需求能力的目标行为是有效的，证明本研究具有一定的社会效度。

五、研究结论与讨论

本研究采用单一被试的研究方法来探讨社会故事对个案口语能力表达需求的干预成效，主要是对个案口语表达"我要零食"这一目标行为进行干预。根据前文的研究分析，研究者进行了以下的综合性讨论。

（一）社会故事法对自闭症儿童口语能力的干预具有成效

研究者运用社会故事法干预个案的口语能力，主要针对"我要零食"这一界定的目标行为。研究者通过分析与对比个案基线期、介入期、维持期三个阶段的数据，从整体上看个案口语表达"我要零食"这一需求的目标行为有大幅提升。从介入期数据相比于基线期数据，个案的目标行为水平远高于基线期水平。另外，研究者还对个案家长以及所在班级的老师进行了访谈，通过访谈了解到，个案被研究者运用社会故事干预期间，在学校或在家想拿零食的时候经常会事先以"零食""要零食""我要零食"等口语表达告知他人，这也说明个案口语能力有所提升。

研究者通过阅读文献，在前人的研究中也能发现社会故事对自闭症儿童口语能力具有提升的类似的结论，如杨林运用社会故事法干预两名自闭症儿童寻求帮助的行为，经过一个多月的干预，两名自闭症儿童的口语表达寻求帮助的行为均有明显提高。由于寻求帮助也属于表达需求的其中一个方面，因此这也表明社会故事对自闭症口语能力的提升具有立即成效。

（二）社会故事法对自闭症儿童口语能力提高具有维持效果

研究者在运用社会故事干预个案的口语表达需求能力后，维持期个案的目标行为水平虽然略低于介入期，但个案的目标行为仍可以达到不低于70%的达成率，远高于干预前水平，且维持期数据与介入期数据重叠率高达100%。研究结束后，研究者还对个案的情况进行了后续的追踪，据个案的家长以及所在班级的老师反馈，个案在接受本次实验干预后，其想拿零食时，有时会有眼神接触与口语表达，口语表达"我要零食"这一目标行为的频率跟介入期时差不多。因此，证明社会故事对提升个案的口语能力具有良好的维持效果。

综上讨论，社会故事法对自闭症儿童口语能力的干预具有立即成效且有良好的维持效果，虽然本次的研究对象只有一名，但仍具一定的参考价值，社会故事法是个值得一试的用来干预自闭症儿童口语表达能力的方法。

六、研究建议

（1）对于自闭症儿童的干预，基于自闭症儿童的认知特点，研究可采用设置多个基线，突显干预的效果。

（2）自闭症的个体间差异较大，研究者只选取了一名个案进行干预研究，研究的结果只具备参考价值，不具有普遍性，建议以后的研究者尽可能多地选取研究对象，更具参考价值。

（3）自闭症儿童普遍认知较为缓慢，建议以后的研究者尽早对被试进行干预，延长干预时间，干预的成效也会更明显，维持成效也会更久，自闭症儿童的干预不是短期任务，而是长期持久的任务。

（4）本研究中设计的社会故事内容与形式较为单一，社会故事发展至今，其内容的表达形式很多，包括文字、图片、视频、音频等。运用社会故事法对自闭症儿童进行干预前，建议充分了解个案现有水平，可灵活采用多种呈现方式呈现社会故事。

（5）增强物的使用一定要适当，干预时不能过度给予个案同一种增强物，否则会让个案对此增强物兴趣大减，适得其反造成增强效果薄弱，例如，本研究中研究者就因为给予饼干的增强次数过多，增强效果不显著。建议干预前多了解个案的喜好，多准备几种增强物，轮流使用。

参考文献

［1］杨林.社会故事对自闭症儿童同伴交往能力的影响研究［D］.杭州：杭州师范大学，2016.

［2］刘礼兰，雷江华.社会故事教学对自闭症儿童社会互动干预的单一被试研究［J］.岭南师范学院学报，2020，41（2）：19-27.

［3］魏寿洪，许家成.自闭症儿童主动口语沟通行为干预的个案研究［J］.中国特殊教育，2007（12）：58-62.

生态环境改善策略在特教班
行为管理中的应用

佛山市南海区桂城街道桂江第三小学　李丽生

一、问题的提出及背景介绍

在特教班的课堂教学中，自闭症学生有许多课堂干扰行为，如离开座位、大声讲话、攻击同学等。其中，离座行为经常发生，对课堂教学具有很强的干扰性，不仅影响教师的教学效率，也影响周围同伴的学习。对于自闭症学生离座行为的干预，教师常常采用批评或隔离的方法，这能及时改善离座行为，但是容易诱发新的问题行为产生，且处理效果长效性不足。越来越多的研究和实践表明，被如此对待后，学生的问题行为不但没有停止反而会更严重，有的学生甚至出现厌学、叛逆等情绪问题。

学者认为，运用积极行为支持策略通过改善教学环境和师生关系、调整课堂管理策略，并结合实际运用代币制、行为契约、差别强化和消退等行为矫正技术，能够有效减少学生课堂离座行为。

学生课堂离座行为发生的原因是多方面的，准确把握原因而进行有效干预，是保证干预长效性的关键。基于自闭症会采用问题行为作为沟通的一种手段，教师尝试评估自闭症学生课堂离座行为，依据行为评估结果，设计合理的积极行为支持计划和策略。在教学中实施积极行为支持策略，并对实施过程和干预效果进行监控和评估。

积极行为支持是一种对个体行为实施干预的系统化方法，即通过教育的手段发展个体的正向行为，用系统的方法调整环境，达到预防和减少个体行为问题和改变个体生活方式的目的，最终实现提高其生活质量的目标。

积极行为支持策略旨在利用一系列"能有效地改变不良行为，维护人的尊严，成功促进个体能力，扩展个体的机会，增进个体生活质量"的方法帮助有障碍和严重问题行为的个体。它基于行为主义心理学原理，强调通过正向的行为干预而非负向的惩罚方法，来对个体的行为进行干预。随着行为干预理论和教育实践的发展，超过100篇的认知障碍相关研究表明正向行为支持广泛适用于具有严重行为障碍的个案，采用该方法可以有效减少近七成的问题行为。该理论认为行为的功能主要有四种，即获得注意、获得想要的物品、逃避或避免任务、自我感官刺激。其干预模式是"A-B-C"模式，即前事（Antecedent）、行为（Behavior）、后果（Consequence），根据干预切入点可分为前事控制策略、行为教导策略、后果处理策略以及生态环境改善策略。

其中，前事控制策略主要是找到行为问题发生的先兆，在行为问题发生前采取一些措施，以预防行为问题的发生，这是教师在日常教学中最先考虑使用的策略。这个策略主要指向环境调整，包含了物理环境的调整和社会环境的调整。

在本次研究当中，我们主要运用了生态环境改善策略干预学生的离座行为以及其他常见的课堂干扰行为。研究发现，生态环境改善对于班级行为管理有非常大的促进作用。

二、物理环境调整的实际应用

物理环境调整是指通过调整物理环境，以减少行为问题的发生或协助引发正向行为的策略，这是最容易实施的策略之一。教师在实际的教学情景中，主要通过座位调整、课室分区调整、座椅调整以及增加视觉提示等方式对课室物理环境进行调整，以达到减少问题行为和引发正向行为的效果。具体的操作如下所述。

（一）座位调整

座位的设置在开始时只考虑身高因素，而忽略了特殊孩子的其他生理、心理和学习的需求。后来，教师发现学生的座位与对其行为管理有着非常大的相关性，特别是离座行为。因此教师对学生的座位进行了多次调整，调整时考量的因素主要有：学生视力和注意力；座位周边的刺激是否会影响学生的感官知觉；座位的位置是否让学生更容易离座；座位的设置是否会对周边同学造成干扰。

（二）课室分区调整

教师在2018年10月对特教班教室的环境进行了调整，将原来统一的整体区域划分为集体教学区、教师工作区、作品展示区、书包区、情绪处理区、领奖台、图书角和卫生角等。随后根据实际情况，增设了个人工作区和储物区等，并在每个区域贴上标牌。教师要教导学生识别不同的课室分区及其功能，引导学生使用每个区域。课室分区对于特殊生行为管理的介入收效甚好，具体表现在：

（1）课室分区对于自闭症学生来说是一种结构化的安排，更有利于他们控制自己的情绪。

（2）课室分区有助于特殊生建立区域界限感，不随意离开和踏入，井然有序。

（3）课室分区有利于培养学生物品归类、收拾整理的好习惯，学生在分区的提示下，做好物品的归类，课室布置得井井有条，焕然一新。

（三）座椅调整

感知觉寻求的学生会在普通的课桌椅上动个不停，坐姿千奇百态，不仅影响身体发育，更容易造成安全隐患，甚至引发更多行为问题。因此有必要调整座椅来矫正学生坐姿。方案一是换成重量加倍的实木课桌椅，学生摆动桌椅的难度增加，从而大大降低摆动的频率；方案二是换成定制的矫正椅，桌椅一体，椅子后倾，学生在椅上活动受限，从而大大降低离座的频率。

（四）视觉提示

特殊学生大多数都难于理解人、物、环境三者的联系以及转换，也很难理解抽象概念与事物，因此对于抽象的指令和要求，执行是有困难的，他们比较容易消化具象的事物。因此我们需要帮助学生将抽象的概念、事物、指令转换为具体的可触可视的事物，这就是视觉提示，可以是一张图片、一段影片、一个模型。而在特教班的教学中，教师最常用到的就是图片和图卡，具体应用如下：

（1）正向行为可视化：教师在课室的黑板、墙面和学生的桌面等醒目位置贴上正向行为的图卡，如"保持安静""积极举手""坐好"等，引导学生做更多的正向行为。

（2）班级一日活动可视化：在课室黑板贴出每日课程表，并且在早读课让学生读、看，知道每一天的安排。

（3）学生一日课程可视化：每个学生的课程都是"私人订制"的，因此学生的个人课表各不相同，有时在特教班上课，有时要到资源课室上课，有时要去普通班上课，学生需要按照个人课表到相应的场室上课。在学生桌面贴上个人课表，教师教导学生学会看课表。

三、社会环境调整的实际应用

社会环境调整是指调整学生所处的社会化环境，如语言环境、教学环境、家庭环境、同班关系等。教师在实际的教学情景中，主要通过教学内容调整、语言环境调整和建立正向关系等几个方面对学生所处的社会环境进行调整，以达到减少问题行为和引发正向行为的效果。具体的操作如下所述。

（一）教学调整

学生在课堂的干扰行为，有时是对无法参与课堂活动的抗议，因此有必要进行教学调整，包括合理的集体教学模式及难度适中的教学内容。教学模式上教师运用分层教学，将特教班学生按照年龄和能力分为三个层次（A、B、C），每个层次的学生有不同的目标、辅助形式和评量方式。在集体课上，通过集体活动——小组活动——个别活动，三种形式的结合满足不同层次学生的学习需求。教学内容上教师用的是主题整合的分科教学，首先是依据《培智学校义务教育课程标准（2016年版）》设置生活语文、生活数学、生活适应、劳动技能、运动保健、唱游律动和绘画手工等主体学科；其次依据学生的个别化教育目标，进行整合，选取合适的主题内容，将不同科目的学习目标以一个共同的主题统整起来，既能保证学习的连贯性，又能尊重学科的专业性。

分层教学有利于每个学生参与到课堂活动中，从而减少问题行为发生的频率，对于B层和C层能力较弱的学生，教师会在同一主题学习下对教学内容进行减量、简化等处理，在教学组织上会提供视觉、语言和动作上的辅助，以帮助学生达到自己的教学目标，从而实现个别化。

（二）语言环境调整

积极正向的语言提示，会增加学生的正向行为，减少问题行为。教师在日常教学用语中，避免使用负向的语言，如不、禁止、否则等，而是使用正向的表达，如请、可以等。日常教师使用的正向用语为：

（1）上课常规类："请坐好""保持安静""小眼睛看老师/屏幕"。

（2）赞赏认同类："棒棒，你真棒！""加油，我可以的！""你观察得很仔细！""这节课你很配合/努力/认真！"。

（3）自我安慰类："没关系，下次再来。""我可以帮忙做……"。

（三）建立正向关系

当特殊学生与周围建立正向关系，有合适的社交圈，能得到他人的关注和认可时，他会趋向表现正向的行为。为帮助特殊学生建立多元的正向关系，引导学生表现更多的正向行为，教师可以从以下几个方面着手：

（1）建立融合小组：在普通班找到合适的手拉手班级，招募爱心小天使，定期开展融合小组活动，让学生在融合、包容的氛围中共同学习、进步。

（2）"结对子"好朋友：利用社交圈、社交故事等主题活动，让学生找到互相欣赏的好朋友，发现自己的闪光点，每个人在班里都至少有一位好朋友，并且教师在课堂互助、课间互动时，引导"结对子"好朋友互动。

（3）教师的好帮手：在班级设立一个"好帮手值日表"，每一位学生都有自己在课室中的任务，擦黑板、开电脑、整理书包等，每一位学生都是教师的好帮手。教师在日常生活中引导学生做好值日任务，并给予正向反馈，提高学生在班级中的参与度。

四、小结

生态环境改善能有效减少特殊学生的问题行为，增加正向行为。其中，生态环境包括了物理环境和社会环境。当实现了"双管齐下"，特殊学生和教师就能共同成长，不仅能让学生做好个人行为管理，还能实现班级行为管理规范化。

本次研究只做了班级层面和个人层面的生态环境改善，没有从学校层面做环境改善，而学校乃至社会层面，才是问题行为的一级预防措施，也是最有效、最广泛的干预策略。我们希望在下一阶段的研究中，从学校和社会层面的环境改善入手，建立特殊生行为管理的长效机制。

参考文献

［1］朴永馨.特殊教育辞典［M］.北京：华夏出版社，2014.

［2］宋玲.初探功能性行为评估［J］.中国特殊教育，2004（8）.

小学特教班课堂中分类教学
运作模式的探索

佛山市南海区桂城街道桂江第三小学　李丽生

一、问题提出

1988年全国第一次特殊教育工作会议上，"特教班"第一次被提出。1995年国家教委统计全国特殊教育学校在校生人数为10.61万人，而特教班、随班就读在校人数高达18.95万人，特教班和随班就读渐渐地成为我国特殊教育组织形式的主流。

普通小学附设特教班是保障特殊需要儿童教育权的重要形式。特教班每年接收学生并安置在同一班级，每个学生的障碍类别、障碍程度甚至年龄都差异甚大，因此给特教班的教育带来很大压力，特别是给课堂教学带了巨大的挑战。什么教学模式才适合本校特教班？怎样才能实现高效课堂？如何提升孩子的能力和自信，让他们更有信心适应社会？

广州等地许多特教班课堂采用复式教学模式，就是由一位教师在同一教室同时向两个或两个以上的不同年级施教的一种教学组织形式。主要根据学生的年龄和能力划分对应年级，配套不同的教材、作业、考试试卷等，而课堂教师分年级轮流教学。这对学生的要求高，学生要自觉利用空隙时间预习或写作业；对教师的要求也非常高，教师要兼顾讲课，还要布置作业和和管理其他同学的纪律，一个教师常常会顾此失彼。而学生在一节课中"分配"到的时间往往只有十分钟，更没有机会展现和互动，高效课堂难以实现。

特殊教育中一种常见的教学模式——分层教学，同样也是本校特教班现采用的模式，教师根据学生现有的知识、能力水平和潜力倾向把学生科学地分成几组各自水平相近的群体并区别对待。这有利于中高层次学生提高积极性和增强自信心，对于能力处于低层次的学生不但没有产生积极的影响，而且可能适得其反。

复式教学和分层教学的弊端显现，"分类教学"应运而生。分类教学这是指教师根据学生自身在各个领域中知识、技能、能力倾向方面不同的情况，对学生个人进行有针对性的辅导、教育，让学生明确自己的长短板、优劣势，真正意义上做到因材施教。由此可见，分类教学注重发现和发展学生的优势，以优势发展劣势。但目前，分类教学在小学特教班的应用并不多，相关研究也更少，亟待尝试与探索。

对于有特殊需要的儿童，教师的教育也倾向于"问题视角"，看到学生的问题，想办法解决学生的问题，总是收效甚微，事倍功半。而加德纳多元智能理论则倡导尊重个体差异、尊重每一个体发展，他认为：每个孩子都是一个潜在的天才儿童，只是经常表现为不同的形式。但如何发现和发展学生的优势，并将之运用到"分类教学"中，以实现高效课堂，让学生各有所得，需要教师探索和实践。

二、实践

笔者在广东省某小学从事特殊教育工作，小学附设了特教班，为做好特教班教学，提升学生课堂有效性，笔者联手经验丰富的特教班班主任申请课题"天生我才必有用：优势视角下小学特教班课堂中分类教学的探索与实践"，在课题的引领下探索分类教学的运作，以求在教学实践中摸出门道来。自课题立项开始，笔者联同特教班老师从教学对象、教学目标、教学内容、教学策略等方面设计、实施和反思课堂。下面将分享我们探索的成果，即如何在小学特教班的课堂中实施分类教学。

（一）教学对象分类：研究学生

"研究学生"是特殊教育教学里最看重的部分，只有充分了解学生的情况才能知道他的教育需求，才能懂得如何设计教学内容，满足其需求。

分类教学模式更加强调认识学生的个别差异，给予有针对性的辅导。在前期准备阶段，教师可以通过以下四种形式全方位地了解学生的能力水平。

（1）已有正式的评估鉴定资料：医院、专业机构给出的诊断评估报告，初步了解学生的障碍情况和程度。

（2）进行非正式评量筛查：教师对学生做社会适应能力评估、学业成就测验、行为问题评估等，进一步了解学生各领域的能力发展水平。

（3）家长晤谈：教师与家长开展个案研讨会，了解学生在家表现，沟通对孩子的教育期待，了解家庭的教育需求，家校达成共识。

（4）现场观察：观察学生课堂表现、课间活动、社会交往、生活自理等方面的表现，知道学生的强化物，直观了解学生在校园集体生活中的情况，直面其需求和困难。

通过上述四种方式，教师能够比较全面地了解学生的能力和需求，为了更清晰地呈现，现把学生的情况详列为以下六点：

（1）六大领域的能力水平：动作、沟通、社交、自理、认知、感官知觉。

（2）优势与弱势：表现好/较弱的领域。

（3）特殊教育需求：区别于其他学生的个别化需求。

（4）强化物：能激发学生学习动机的方式。

（5）目标：区别于其他学生的个别化教育目标。

（6）教学目标、教学内容、学生参与分类：三层次分类。

（二）教学目标：集体目标+小组目标+个别化目标

教学目标的设置既受到了集体授课的限制，又要符合每位学生的需求，因此我们把目标的制定分为几类，每节课的教学目标都应该包含集体目标、小组目标和个别化目标。即有全部学生都应该涉猎到的统一性目标、有适合学生所在小组能力水平的小组目标、有只针对学生个人需求的个别化目标。

（三）教学内容：集体活动+小组活动+个别化活动

差异性较大的班级，就教学内容来说，主题式教学是必由之路。全体学生都按照指定的主题进行学习，但学习的层次和具体目标任务却不尽相同，这就要求主题具有普适性，并且是学生感兴趣的，贴近生活实际的。

教学主题与活动也应该与教学目标相匹配，分别要有集体活动、小组活动以及个别化活动。

1. 学生参与：集体任务+小组任务+个别化任务

学生参与课堂的形式并不是固定的，他们可以根据教师活动设置的不同以不同形式参与。教师按照能力水平差异将本班学生分为三个小组，分别是：

提升组（A组）：不需要教师提示能基本完成全部学习任务。

加强组（B组）：需要教师语言或动作提示才能完成大部分任务。

辅导组（C组）：需要助教手把手辅导才能完成部分任务。

课堂中，学生会接收到教师统一指令发布的集体任务，也有机会接收到教师分层次设计的小组任务，还能接收到教师为学生私人定制的个别化任务。

2. 强化措施：集体口头表扬、奖励墙、代币制、即时奖励

强化措施是教育教学中非常关键的部分，对于内在学习动机较弱的特殊学生而言更是如此。如何利用不同的强化手段激发学生的学习动机，是特教班教师非常关注的问题。

教师在研究实践中曾用多种强化手段，常用的有四种：口头表扬、奖励墙、代币制、即时奖励。下面逐一介绍四级强化手段的操作和效果。

表1　四级强化手段的操作和效果

强化手段	具体操作	优势	劣势
口头表扬	当学生做出符合教师期待的行为时，说：你真棒！你做到了！	易操作；与学生互动多	语言理解能力较弱的学生对此无反应，持续时间短
奖励墙	为每个学生制作姓名卡，贴在黑板上，留出一部分作为"奖励墙"，当学生做出符合教师期待的行为时，在学生对应的姓名卡上添加奖励物	易引起学生注意；学生积极行为增多	容易对奖励墙产生"疲劳感"，失去"新鲜感"
代币制	当学生做出符合教师期待的行为时，奖励一枚代币，下节课结束后收集代币可换礼物	学生积极行为表现大大增多	能力较弱的学生不能理解代币规则；代币不易保管，易弄丢
即时奖励	当学生做出符合教师期待的行为时，马上奖励零食	全体学生能马上给予反应，努力做出符合教师期待之行为	奖励耗时、耗物多；泛化难

从表1可看出，四种强化措施各有优劣之处，在特教班课堂中，根据学生能力水平、任务要求，选择一种或几种合适的强化措施。

（四）教学策略与技巧：见招拆招

在特殊教育领域中，教师主要用到多感官教学、游戏教学、视觉提示、结构化教学、行为问题处理等策略与技巧。

对有自闭症学生的A组，结构化教学是他们自我学习、自我提高的重要方式。

对于全部是智力障碍的B组学生，多感官教学与视觉提示非常有效。B组学生的认知学习中，经过注意、配对、分类、命名等步骤，其中多感官学习提供了建立知识连接的桥梁。

对于有行为问题、能力较弱的C组，行为问题技术则运用得较多。

游戏教学适用于全班同学，提供学生互动的机会，增加教学趣味，引起学生参与的兴趣。

教学策略与技巧的选择，要满足学生的需求、符合学生的能力水平，做到见招拆招，才能"攻陷"学生，实现高效课堂。

三、成果与反思

（一）成果

经过一年的努力，分类教学在小学特教班的实践中取得了很多成果：

（1）基本能探索出"分类教学"在特教班教学中应用的具体操作模式。

（2）学生在课堂中、在校园里参与度提升，各项能力得到发展。

（3）整理出符合特教班主题式教学的"课程成果册"，包含相关主题、目标、教案，为课堂实施提供重要读本。

（4）特教教研氛围被带动起来，通过协同教学、公开课、个案研讨会等活动形式，特教教师们可以互相学习、研讨，促进了特教教研的发展。

（二）反思

分类教学的形式，还只是摸着石头过河，研究过程中，遇到了许多问题和困难。

1. 指导与支持不足

分类教学很多都只能参考学术网的文本材料，而没有得到专家的实践指导，执行起来困难重重，学术网关于特教班教学模式的材料并不多，教师在实施过程中无法得到充足的指导和支持。

2. 师资紧张，安排困难

由于分类教学要关注到每位孩子的需求并及时给予辅导，一位教师是无法完成所有的教学任务的。因此，也主张协同教学，即两位教师同时在课堂中合作完成课堂教学任务，其中分工也非常明确，设1位主教，负责所有教学环节的把控，设1位助教，负责辅导C组学生，给予奖励等。两人互相配合，共同完成教学进度。但是两位教师上课，不仅增加了师资压力，还增加了排课难的问题。

3. 教师专业挑战

课堂要求有共同的主题，三类目标、三类内容、三类学生任务，增加了课堂设计压力，教师必须要花更多时间备课。这种教学设计、执行难度，对于非特教专业教师是重大挑战。

虽然，小学特教班分类教学的实践充满了挑战，但这同时也是教育的机遇，至少我们找到了特教班教学努力的方向。在未来的实践中，我们依然还坚持对分类教学的研究，将完善"分类教学"的操作模式，包括从目标内容、师生关系、课堂管理、家庭作业、课堂评价等多个方面，努力为每一位特殊学生制订和实施个别化教育计划，提升有特殊需要儿童的教育质量。

参考文献

[1] 钱志亮. 当今中国特殊教育组织形式之分析 [J]. 中国特殊育，1997（2）：24-28.

[2] 刘冬梅. 中国近代复式教学研究 [D]. 西安：陕西师范大学，2008.

[3] 何静. 分层教学在随班就读教学中的尝试 [J]. 现代特殊教育，2014（10）：56-58.

浅析角色扮演法对自闭症
儿童社交技巧之影响

佛山市南海区桂城街道桂江第三小学　杜日桥

一、研究背景

社交技巧对大多数自闭症谱系障碍（Autism Spectrum Disorder，ASD）儿童而言是一项不易发展的能力。ASD其主要症状为：社交交流障碍、语言交流障碍、重复刻板行为。ASD儿童以自我为中心，不知如何与同伴进行交往，呈现较被动的互动模式，容易影响在班级里被接纳以及与他人互动的程度，如果不及早训练，会影响ASD儿童社会性发展以及社会化。本研究希望通过角色扮演法提升ASD儿童的社交技巧能力。

2017年教育部等七部门联合印发的《第二期特殊教育提升计划（2017—2020年）》指出：坚持统筹推进，普通教育与特殊教育结合，全面推进融合教育，旨在帮助特殊学生回归到主流社会。

《精神疾病诊断与统计手册》第五版（2013）ASD障碍诊断标准指出：限制性兴趣/重复行为、社会交流障碍是ASD的两大核心障碍，该障碍导致其在自我与客体关系认知、社会交往讯息的理解上都存在困难。即ASD儿童在社会交往中无法掌握正确的社会线索，无法处理好与自身角色相适应的社会交往活动，导致其对社会角色认知产生偏差甚至误解。因此，在社交过程中ASD儿童分不清自我的主、客体关系，因而形成了错误的信念以及对事实推测判断的失败，影响有效的社交活动。

社会互动能力是大多数ASD儿童难以发展的能力。ASD儿童因其先天障碍的限制，无法展现出适当的人际互动和社交技巧，因而影响同侪间的接纳度，在教育现场的教师也常因ASD儿童的社会互动方式不正确，而造成班级经营的困扰，因此迫切需要透过教育策略介入以习得正确的社交技巧，以促进ASD儿童回归到主流社会。

二、自闭症儿童社交技巧干预方法

当前国内外已发展出多种对自闭症社交技巧的干预方法，对ASD儿童社交能力进行干预的方法可按研究的取向分为：技能取向（以行为主义为理论基础，强调使用沟通技能、社交技能、情绪技能提升ASD儿童的社交能力）和认知取向（以认知心理学为理论基础，强调儿童的社会认知，认为可以通过提高ASD儿童的社会认知能力改善社交）。

（一）技能取向的干预方法

1. 核心反应训练（Pivotal Response Treatment，PRT）

核心反应训练又称为关键反应训练，其强调在自然情境下对儿童进行干预和教学，加入动机和多重线索元素，并用来教导重要的核心行为以达到类化的效果。核心反应训练以团体教学为主，其主要教学要素包括：掌握注意力、提供选择、课程变化和交错教学、增强任何尝试、提供自然性增强物、轮流等待和提供多重线索反应。使用核心反应训练对两名ASD少年的社会行为和沟通技能进行干预研究，干预后发现核心反应训练能有效提升ASD儿童与同伴间的社交互动技能，干预效果可泛化至其他自然情境中。

2. 同伴介入法（Peer-Mediated Intervention，PMI）

同伴介入法也称为同伴媒介策略，是指由研究者培训具备社交能力的普通儿童群体，通过指导他们与ASD儿童建立恰当的社交模式，强化ASD

儿童合适的社交行为以提升ASD儿童的社交技能。同伴介入法最初应用于社交退缩的儿童,逐步应用于对ASD儿童的行为干预,认为该策略可以通过正常儿童的行为促进ASD儿童社交能力的提升。同伴介入法提供正常发展的同伴在社交游戏/活动中诸如此类互动,如:社交技能训练、提示和赞美,旨在通过示范、增强与提示促进障碍儿童适当的社交互动与社交技能。

3. 录像示范法（Video Modeling Intervention，VMI）

录像示范法又称视频示范法或录像带示范法,该教学方法以班杜拉（Bandura）的社会学习理论为理论基础,是通过让ASD个体观看并模仿录像材料中示范者所呈现的目标行为,进而习得相应行为或技能的一种干预方法。示范法在2009年被美国国家ASD中心（NAC）报告为一种有效的以实证为基础的干预方法。录像示范法作为示范法的一种,在ASD儿童的干预中显现出了良好的效果,为ASD儿童的干预研究提供了新的范式。依据不同的示范者进行分类,录像示范法的类型有:他人录像示范、自我录像示范、观点示范和混合示范。

（二）认知取向的干预方法

1. 社会故事（Social Stories）

社会故事从ASD儿童的个人生活经验出发,通过简要的、个别化的故事来描述不同的社会情境或社会概念。社会故事通常基于一个具体事件或活动,一般包含社会线索、人物想法及常规反应三方面内容。在ASD社交技能的干预效果上,Swaggert等人采用AB实验设计分别对两个7岁ASD男生的分享和平行游戏行为及一个11岁ASD女生的问候行为进行干预。研究结果显示三名被试的目标行为都得到了提升,而攻击破坏行为也降低了。

2. 结构化教学法（Treatment and Education of Autistic and Related Communication Handicapped Children，简称TEACCH）

结构化教学由美国北卡罗纳大学Mesibov及Schop Ler教授（1960年中期）等历经多年教学经验发展而成,它根据ASD儿童的身心及学习特点,通过系统化地组织教学材料、教学程序等，让儿童在预先设计的结构中进行有效的学习和训练。结构化教学较灵活，具有良好的兼容性和可操作性。研究指出，结构化教学能帮助各个年龄段和不同发展水平的ASD儿童体会到社交的乐趣，并提高他们的社会交往能力，促进良好人际关系的建立与发展。

三、自我管理法

自我管理法是个体应用行为改变技术，引导行为往自己想要改变的方向修正。作为自我决定技能的一种，自我管理又叫作自我监控，包括自我评价、自我调节、自我记录和自我增强等策略。

（一）角色扮演法的相关研究

因"角色扮演"广泛应用于各个领域，目前关于角色扮演界定的说法存在分歧。下面从社会学、教育学、教育心理学三方面阐述角色扮演法的理论基础。

1. 社会学理论基础——角色理论

角色理论是角色扮演法的重要理论依据。在社会学方面，角色理论的界定大概分为两大类：一类是以个体行为的角度定义角色概念；另一类是从社会关系、规范和身份的多个视角定义角色概念。

符号互动论的创造者米德（Mead）提出角色理论，从社会学的角度，运用符号互动理论阐述"角色扮演"，认为角色扮演是社会互动的基本条件，社会角色在个体与社会互动中产生，是个体在社会交往中获得与自身社会身份相一致的社会互动方式或相适应的社会心理状态。

美国社会学家莫雷诺（Moreno）深入研究与分析角色理论与角色扮演，提出"角色"一方面是指个体在社会情景中的社会角色，另一方面是指在社会群体中个体从出生到死亡的发展，在此发展过程中，角色主要分为三个发展阶段：身心角色、社会角色、心理角色。三大发展阶段核心是社会角色，角色发展阶段的成熟和人的自然发展与成长，不断演变和丰富社会角色。因此从角色扮演发展理论可知，角色扮演的发展核心为个体的"社会角色"的认知发展。角色扮演的认知发展过程为掌握角色概念、获取角色体验、丰富角色情感、类化角色行为以及演绎角色行为。

2. 教育学理论基础——合作学习

在教育学方面，合作学习理论是角色扮演法的理论基础。合作学习是不同能力与水平的学生，共同探究和解决问题的教学方式，合作学习是以小组的成绩作为奖励依据。

合作学习以小组为单位，在合作学习中，不仅强调学习任务的完成，还注重学生社交技巧的培养。角色扮演一般需要两人或两人以上合作进行，需要小组成员职责明确、分工合作、团结协作来完成，要求小组成员各司其职。在角色扮演中，学生需要运用知识与技能，认识与领悟角色观念、积极体验角色规范，建立与自身社会角色相适应的行为规范，从而丰富角色情感。同时，角色扮演是一个激发学生互相表达观点的平台，在角色扮演的过程中，双方相互磨合，在磨合中增进友谊，拓宽社会交际圈，提升社交技巧能力。

角色扮演以合作学习为基础，并在继承合作学习的优势的同时，发挥着其独特的作用。

3. 教育心理学理论基础——体验学习

从教育心理学的角度来看，角色扮演法的理论基础为体验学习。体验学习指个体经由真实或模拟的体验，在体验中，促使学生掌握知识、获取技能以及实现自我价值的学习方式。在体验学习过程中，个体的内心世界与外部世界相互联接，个体能够学习知识、获得技能与丰富情感。

体验学习分为两类：一是真实生活的体验；二是模拟活动的体验。角色扮演属于典型的体验学习形式，角色扮演者借助模拟社会情景，扮演相应的角色，感受角色的内心世界，感知角色身份、认识角色规范，设身处地地体验社会交往的感受，儿童的社会适应能力得到良好的发展。

（二）自闭症儿童角色扮演的相关研究

游戏是儿童社会互动的主要载体，儿童内部动机的发展是在游戏过程加以获得，儿童参与游戏的水平决定儿童的发展水平，因此在儿童社会交往能力的发展中，象征性游戏发挥着至关重要的作用。象征性游戏是儿童获取社会经验和提升社会交往能力的重要方式，在角色扮演中，扮演者需要根据模拟的社会交往情景，有意识、有目的地依据自身所处的角色采取相适应的社会角色行为规范，在象征性游戏中，儿童的社会情感会在角色扮演中被激发。角色扮演是一种"假装"的心理状态，儿童通过有效的学习与模仿，习得成人的社会行为和经验，在角色模仿的过程中，儿童的"假装"能力不断提升，为儿童将来参与社会生活奠定社会能力基础。

分析与总结ASD儿童角色扮演的相关研究，指出ASD儿童参与假装性游戏能力较差，参与象征性游戏的能力反应儿童的心理发展水平和能力，ASD儿童心理发展的水平和能力较低与其游戏水平有着密切的联系。

瑞士著名儿童心理学家皮亚杰（Piaget）提出，儿童在前运算阶段社会模仿能力不断发展，朝着自我模仿向模仿他人的方向发展。儿童社会经验和社会情感不断丰富，儿童在具体运算阶段能够饰演与自身社会角色相吻合的他人角色。

由此可知，儿童在象征性游戏中，不仅能够丰富自身的角色体验与情感，还能够促进儿童的社会反思，实现从自我模仿向模仿他人的突破性发展，在角色扮演中的社会互动，学会将心比心，站在他人的角度看待问题，获得社会发展的共情。

从广义上理解，角色扮演通常也是指装扮性游戏、戏剧性游戏、模仿性游戏。从狭义上理解，角色扮演属于心理剧中的一种。

角色扮演从游戏中发展，以心理剧为载体，得以广泛应用。角色扮演也逐渐成为特殊教育领域中的重要干预手段及方法，在实施角色扮演教学的时候，需注意为学生提供非拒绝的社会情境或环境，积极为个体尝试创造机会，建立合适的替代行为，加强对角色的社会规则、社会角色以及他人的意图的理解。角色扮演法为特殊教育的教学与干预增添了替代性思考，使得在社会情境下的行为具有重演的空间。使用角色扮演干预自闭症儿童的认识与领悟以融入到社会角色。

对于具有阅读和语言能力的阿斯伯格综合征儿童或轻度ASD儿童，引导性的角色扮演能促进其学习并理解社交技巧。角色扮演干预ASD儿童社交技巧具有自身独特的优势。首先，角色扮演的组织形式多样化，例如游戏或结构化剧集，因此角色扮演具有较强的灵活性和可操作性。其次，角色扮演没有具体的时间限制，可在分析与理解问题后由问题解决者开始进行。再次，角色扮演的内容源于生活、贴近生活，我们可以以日常生活中的情景为题材，着眼于现实中的问题。最后，角色扮演者在模拟的社会情境中掌握的社会技能，能够较好地泛化到现实生活中。

角色扮演作为一种干预手段，与其他干预方式结合对自闭症的社交技巧的研究的确很多，但关于角色扮演直接干预ASD儿童设计技巧的研究几乎没有。

（三）角色扮演对自闭症儿童社交技巧研究成果

从角色扮演法对ASD儿童社交技巧的相关研究来看，角色扮演法的主要研究法是单一被试实验，将社交技巧细分为可操作性、可观察的具体目标行为，角色扮演法对ASD儿童的社交技巧有良好的改善效果，具体结论如下：

（1）角色扮演法对ASD儿童的社交技巧的干预有立即效果。通过个案基线期和介入期的数据对比，显示个案的社交技巧具有立即的效果。

（2）角色扮演法对ASD儿童的社交技巧干预具有维持效果。

（3）角色扮演法对提升ASD儿童的社交技能具有良好的类化效果。利用社会效度表进行调查，调查结果显示，角色扮演干预ASD社交技巧社会效度良好，具有良好的类化效果。

四、研究建议

（一）研究对象

本研究的研究对象无法体现显著性，不同学生具有不同的需求，角色扮演法的成效也有所不同，所以无法将本研究的教学经验进行推广，采用角色扮演法干预ASD儿童的社交技巧无法适用于所有的ASD儿童。

（二）教学环境

本研究的研究场所选择个案熟悉的教室和活动室，对家庭、社区等环境不做评估与教学。

参考文献

［1］黄俊洁.社会故事角色扮演法干预自闭症谱系障碍儿童行为问题的研究［D］.重庆：西南大学，2018.

［2］周宗奎.儿童的社会技能［M］.武汉：华中师范大学出版社，2002.

［3］Reichow B., Volkmar F. R. . Social skills interventions for individuals with autism: Evaluation for evidence-based practices within a best evidence synthesis framework［J］. Journal of Autism and Developmental Disorders, 2009, 8（3）: 149-166.

［4］Justin A., Monica J. J. . A guide to choosing interventions for children with autism spectrum disorders［J］. Child, Family&Community Research, 2006（7）: 5.

［5］Koegel R L. Collateral Effects of Parent Training on Family Interactions［J］. Journal of Autism and Developmental Disorders, 1996, 26（3）: 47-59.

［6］Strain P. S., kerr M. M., &Ragland E. U. . Effects of peer mediated social initiations and promptin-g/reinforcement procedureson the social behavior of autistic children [J]. Journal of Autismand Development Disorders, 1979（9）：41–54.

[7] Mc Connell, S. R.. Intervention to facilitate social interaction for young childrenwith autism：Re–view of available research andrec ommendationsforeducational interventionand future research [J]. Journalof Autismand Developmental Disorders, 2002（32）：351–372.

[8] 康云红. 视频示范教学对自闭症儿童生活自理技能学习成效之研究 [D]. 重庆：重庆师范大学, 2012.

[9] Acar D, Ibrahim H. Reviewing Instructional Studies Conducted Using Video Modeling to Children with Autism. Educational Sciences：Theory and Practice, 2012, 12（4）：2731–2735.

[10] McCoy, Kathleen, Hermansen, Emily. Video Modeling for Individuals with Autism：A Review of Model Types and Effects [J]. Education and Treatment of Children, 2007，30（5）：183–213.

[11] Shriver M D, Allen K D&Mathews J R. Effective assessment of the shared and unique characteristics of children with autism. [J]. School Psychology Review, 1999, 28（4）：538–558.

[12] 符东梅. 同伴介入法对学前自闭症儿童社交技能的干预研究 [D]. 重庆：重庆师范大学, 2015.

[13] 方丽. 角色扮演教学法及其有效策略的研究 [D]. 南京：南京师范大学, 2016.

[14] 刘玉静. 高艳. 合作学习教学策略 [M]. 北京：北京师范大学出版社, 2011.

[15] 钟启畅. 体验式课程的教学知识 [M]. 重庆：重庆大学出版社. 2012.

中篇 慢教育 融发展的理论研究

［16］潘巧建.有效学与教学：9种学式的变单［M］.北京：北京师范大学出版社，2013.

［17］王可.儿童假装游戏理论与相关研究［J］.心理研究，2009，12（5）：40–43.

［18］于雪莉.角色扮演与4岁儿童心理理论的相关研究［D］.沈阳：辽宁师范大学，2014.

基于正向行为支持干预课堂
异常行为的个案研究

佛山市南海区桂城街道桂江第三小学　李志成

由于社会和家庭教育结构形式的改变，以及人类价值理念的改变，20世纪90年代，对中国22个大中城市的2万多名儿童的调查结果表明，父母抚养和教育孩子的方式发生了改变，导致儿童行为问题的发生率显著上升，近年来，这一比例已经达到了12.97%。儿童行为问题是儿童期较为常见的行为偏异，不利于儿童的身心发育，人格和心理素质的发展，对家庭和学校、社会都可能带来不同程度的影响。随着融合教育理念的普及，学生们可以从不同的学校获得同等的教育，而教师也可以根据学生的个体差异，提供针对性的教育培训，以满足他们的特殊需求。本文教师通过正向行为支持，对一名儿童的行为问题及其与影响因素之间的关系进行多因素分析，为保障孩子身心健康提供依据。

一、相关概念

（一）正向行为支持概念

正向行为支持又称为积极行为支持，是根据行为主义心理学原理，采用加强、减轻、分类加强等多种对策，旨在采用正面的情况干涉而非负面

中篇　慢教育　融发展的理论研究

的处罚方式，来有效避免或减轻情况问题，从而增强适应活动，以达到长期有效的目的，是一种提升个人和家庭生活品质的方法。

（二）ABC行为观察概念

"ABC"是一种概念，它指的是在行为发生之前，环境发生的变化。"A"指的是行为发生的前因，"B"指的是行为发生的后果，"C"指的是行为发生的结果。在ABC中，我们可以看到行为发生之前，环境发生了什么样的变化。在进行ABC分析时，要确定目标行为B，它可以提前被定义，以便进行后续的观察和测量，而且它也会带来一定的改变和后果。行为的定义应该具体明确，可以观察、记录和测量，再描述A和C。描述时应该避免主观色彩，只描述事件和场景，不要加入任何个人想法和推测。

（三）课堂行为问题的概念

研究者们对于问题性行为的定义各有不同，有些专家认为它是指儿童在课堂不遵守行为准则和道德规范，导致他们无法正常交往和学习。中国学者吕静将问题品行区分为三个类别：缺失、过分和不当。行动不够指的是学生在小组内交流学习经验时，体现出缺乏积极性和主动性，比如沉默不语、多次出现行动过度、抢夺别人物品等行为。而行动不当则指学生在上课时体现出不适当的言行，比如不认真听讲、不认真参与讨论、不认真参与小组活动等。

二、学生背景

（一）学生基本情况

熙熙，男，8岁，一胎足月出生，身体健康。熙熙2岁开始上幼儿园，缺乏安全感，现在就读普通小学二年级。根据熙熙妈妈语录，熙熙上幼儿园后就开始很在乎别人对自己的评价，遇到不顺心的事容易爆发情绪打人、摔东西等；另外，熙熙从幼儿园开始就被老师投诉有跑来跑去、不听指令的行为问题。熙熙对简单的事情会信心十足，但遇到困难的事情就很容易放弃。

（二）学生家庭情况

熙熙家庭由爸爸、妈妈、爷爷奶奶组成，但由于工作原因，爸爸、妈妈很少陪伴熙熙，奶奶负责接送熙熙上学、放学。爸爸妈妈一开始对熙熙的期望很高，从幼儿园开始经常收到老师对熙熙的"投诉"，爸爸妈妈对熙熙从高期望到心灰意冷，只希望熙熙健康就好，不要再收到老师的投诉。另外，熙熙在学校表现好，妈妈会满足熙熙的任何要求，若熙熙被投诉，妈妈会打熙熙。

三、正向行为支持过程

（一）目标行为的界定

熙熙在上体育课时，经常会出现影响课堂秩序的违抗行为，如：不听指令、跑来跑去、躲在台子下，甚至推打同学。这些行为表现严重影响了教师上课、其他学生学习。因此，对于熙熙的行为问题所指向的动机，研究者进行了多方面资料收集与分析，确定目标行为及其操作性定义。

（二）思路分析

根据正向行为支持理论，对学生目标行为进行功能分析，确认其行为背后的原因及需求，并根据学生的需求提供支持，达到减少违抗行为发生频率、增加期望行为发生频率的干预效果。

（三）资料收集的方法

1. 访谈摘录

（1）熙熙妈妈：熙熙在家没有你说的发脾气行为，我在家熙熙不敢发脾气的，他要是做错事，我会马上制止他，你们老师对他还是比较温柔。如果他不听话，我是会打他的，说到要做到，另外他完成任务我也是会奖励的。

（2）老师1：熙熙在我的课堂也是会发脾气的。

（3）其他科任老师：这个班的纪律不是很好，尤其是熙熙，怎么说都不听。

2. 学校观察记录法

本文在记录熙熙异常行为数据时，研究者按照桂江第三小学校每一天的正常教学计划或者《教学大纲》进行正常的教学活动，采用《ABC行为观察表》对个案来学校上体育课时发生的异常行为的前事因素、标的行为和直接结果、发生次数、发生行为情境等进行观察并记录在《ABC行为观察表》中，减少其他因素对研究的影响，保证研究数据的准确性。

3. 资料收集的时间

资料收集自2022年9月5日开始至9月30日结束，采用《ABC行为观察表》观察记录熙熙在周一、周二、周四、周五的体育课上的异常行为和教师所采取的措施。

4. 资料收集结果分析

按每周发生异常行为次数结果分析。根据个案的《ABC行为观察表》记录，把熙熙在课堂上发生异常行为一次记录为1，按每周发生次数整理如表1所示。

表1 熙熙发生异常行为次数及持续时间统计表

观察时间 2022年9月	5-9日	12-16日	19-23日	26-30日
发生次数	3（6号请假一次）	4	4	2
每周持续时间（min）	60	100	80	58

由表1可知熙熙这4周课堂上发生异常行为共13次，一周4节课，其中熙熙请假1次，发生异常行为平均每周3.25次，几乎每次体育课都出现了异常行为。

五、目标行为功能分析

（一）目标行为

行为动机评量研究者根据行为动机评量表评量行为问题的功能，该表共有16题，围绕行为问题出现的频率和情形，以1～5分计算，得分越多表示频率越高，再按照总分算出平均数并由高到低排列等级。研究者填写《行为动机量表》，评量结果见表2。

表2　行为动机量表

动机	得分
自我刺激、无聊	3
逃避行为	2.5
引起注意、关注	4.5
得不到满足或想要东西	5.25

（二）结果分析

根据资料收集，可知熙熙发脾气的主要原因是得不到满足或想要的东西、引起关注。熙熙想要通过发脾气获得想要的东西等，还想通过发脾气、推打人引起教师和同学的关注。另外，当熙熙受到批评时，也会发生违抗行为问题，并会借助此问题行为来逃避批评。为不影响教师上课和其他学生学习，教师通常会"冷处理"熙熙的行为问题，并且让一名学生跟他一起，照顾其安全。

六、正向行为支持方案的拟定和实施

在单基线试验设计中，A–B–A试验设计对1名受试者开展了研究，该试验包括三个阶段：基线期、干预期和追踪期，以探究受试者的行为特征及其影响因素。在基线期A，我们将观察一个月，而在干预期B，我们将采取三种策略来处理课堂异常行为：控制前因、建立替代行为以及应对异常行为带来的后果。本次干预继续在自然课堂中进行，干预期从10月1日至11月1日，每次干预持续时间为15分钟，共维持1个月，利用正向行为支持方案作为干预的手段，以引导熙熙的正向行为的出现。

（一）基线期观察

由于研究者直接用"ABC行为观察表"记录，各方面比较具体，直接采用附件作为基线期。

（二）介入期干预

1. 课堂异常行为前因控制策略

（1）及时强化

将喜爱物变强化物，及时强化学生的良好行为。当熙熙在课堂上认真听课、进行互动、完成任务等情况时可以及时对其口头表扬"你真棒""你做到了""你刚才真不错"，并奖励其到足球场踢足球，奖励时要对其进行具体的说明，如"熙熙，你刚才完成任务，可以控制自己了，你可以去踢足球"。学生慢慢地就理解到教师的上课方式，课堂上好好表现可以获得奖励。

（2）提前告诉原因

上课给熙熙任务时，要提前和熙熙说清原因。例如上体育课要做完准备运动才能做游戏，因为做好准备活动能有效降低运动受伤的概率，每个人上体育课都要做准备运动，坚持让熙熙完成任务。

（3）教学方法调整

在课堂上给予个案适当参与度，要根据个案的能力降低任务难度，尽量将任务分段缩短，便于个案完成任务，任务时间安排在一节课前30分钟以内，避免重复操作。降低任务难度要求，布置一些熙熙可以独立完成的任务，如摆放雪糕筒。若熙熙表现出抗拒时，让他自己另选一份任务去完成，教师多给予鼓励及必要的提示。当熙熙能够情绪稳定地完成教师布置的任务后，再使用"三明治"法，在两个简单且熟悉的任务中加一个难度升级的任务，教师需及时关注、给予熙熙必要的提示，并在任务完成后奖励踢足球和玩体育游戏。如此，熙熙可获得一定的效能感，增加耐心，并且熟悉各种任务形式，对日后的任务达成有一定的促进作用。

2. 替代行为策略

（1）学会拒绝

当熙熙表现出对某件事情抗拒时，引导他通过摆手、摇头、说"不要""我不想"来表示拒绝。当熙熙以正确的方式拒绝完成某项任务时，撤离与该任务相关的物品，并且提供两个其他的任务给熙熙进行选择。

（2）学会正确释放不良情绪

当熙熙心情郁闷时，在课外上体育课可以教导他通过快速跑、踢足球释放不良情绪；在课内上课时，让其画画，修心养性。教师还可以安排一些情绪故事或体育游戏，例如，安排"两个学生面对面，不许笑"，引导学生直面自己的焦虑、生气、郁闷等情绪，控制自己的情绪；并且在角色扮演的过程中教导其主动表达"我不开心""我很生气"等情绪。

（3）家校沟通，建议家长调整教养方式

熙熙的家庭对其教养方式简单、直接，对于家长来说，这样的教养方式见效很快，但是却产生了不良影响，不但影响孩子的正常心理健康，还激发孩子的行为问题不断发生。教师及时与跟家长沟通，给予一定的教养方式的建议，引导家长给予孩子正向的行为支持，多理解孩子的"异常行为"。教师引导家长多多关爱孩子，看到孩子内心的渴望、看到孩子的需求所在、帮助孩子找到存在的意义。当孩子心情表现得较为低落、郁闷时，家长多给予陪伴，也可以带其到其他场所进行活动，将孩子带离郁闷的状态与环境中。平常的日子里，家长可以每日预留一些空白时间陪伴孩子活动，令孩子感受到爱和温暖，毕竟心灵的碰撞与抚触最能让人变得温和。

3. 后果处理策略

（1）动机是获得想要的东西

通常，熙熙在课堂上会自主地跑来跑去、拿取东西。此时我们可以给熙熙布置任务，完成任务后，与熙熙约定奖励与惩罚，如熙熙贴完一张作业单，拿到1个"奖"代币，凑够3个"奖"代币可以换取踢足球和休闲时间。但是开始任务时间后，熙熙发脾气或没有完成3次任务，则获得惩罚：取消当天的兑换、踢足球和休闲时间。任务全程要在每个人可以看到的地方进行，引导、鼓励熙熙完成任务以获取休闲时间，玩自己喜欢的玩具。

（2）动机是引起注意、关注

在功能性评估结果中我们可以看出熙熙做出问题行为的目的：一是引起是注意、关注，他希望得到教师和同学的关注。根据功能性分析，教师"冷处理"、不关注熙熙的违抗行为；同时特意表扬其他同学的良好行为，让熙熙知道表现好才能得到教师和同学的肯定与关注。例如，在外上体育课时，熙熙跑来跑去，教师不点名批评熙熙，而是引导其他同学给表现好的同学进行鼓掌表扬。因此，教师要对熙熙的行为投去更多关注的言语、目光、身体触摸等，对熙熙的违抗行为"冷处理"、不关注，抑制熙熙违抗行为问题的发生。

七、实施效果

在1个月的正向行为支持策略干预过程中，研究者采用《ABC行为观察表》对熙熙在体育课堂异常行为进行了观察和记录，如表3所示。

表3　正向行为干预后ABC行为观察记录表

学生姓名：熙熙　　观察者：李志成　　记录者：李志成
目标行为：攀爬、跳上跳下、打同学、躲在台子下、跑来跑去、不听指令

时间	前因（A）		行为（B）		后果（C）		
	行为发生的情境	引发行为的事件	先兆行为	叙述行为状况	教育人员采取的措施	学生的反应（包括其他学生）	行为持续时间
2022年10月25日上体育课2分钟	在带队去田径场的过程中。	熙熙自主去树下捡蜗牛。	无。	熙熙在队伍里跑来跑去，不听指令。	让熙熙回队里。	大部分同学关注熙熙。	15分钟

时间	前因（A）		行为（B）		后果（C）		
	行为发生的情境	引发行为的事件	先兆行为	叙述行为状况	教育人员采取的措施	学生的反应（包括其他学生）	行为持续时间
2022年11月23日上体育课15分钟	在体育馆排队玩游戏。	熙熙想去一名女生后面排队，女生不愿意。	无。	熙熙大叫，跑来跑去想打那名女生。	1. 站在那名女生后，继续组织游戏；2. 待熙熙冷静后，讲道理，并向女生道歉。	无关注。	15分钟

　　由表3可知，熙熙的课堂异常行为干预过程与基线期相比，在发生次数上异常行为持续时间有明显的差异。在干预过程中，熙熙在体育课上发生异常行为共两次，行为功能为熙熙自发的，想得到某一物品，与干预前相比发生的次数明显减少；另外发现，当熙熙发生异常行为想哭闹时，语气平和告诉其原因和他说道理，他能更快地冷静下来。经过正向行为干预，个案异常行为下降趋势明显，表明正向行为支持对异常行为有效。

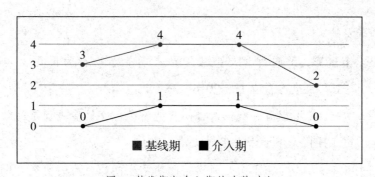

图1　基线期与介入期的次数对比

八、反思与建议

（一）多方面分析成因

学生出现行为问题，多方面分析成因，学生行为问题的出现不但与立即前事有关，还与环境背景因素、个体背景因素有关。就像熙熙，发脾气有时候是因为身体不舒服，有时候是因为教师或家长对其教育过于严厉，有时候是因为想要的需求未获得满足。要多方面分析成因，才能更全面地了解学生的情况，开展有针对性的干预。

（二）家校合作是关键

家庭环境对于儿童和青少年的行为发展起着至关重要的作用，其中父母的影响尤为突出，可以说是最直接、最重要的因素。学生的行为问题得以解决，需要家长、教师的密切配合，教师单打独斗难以获取成功。熙熙的家长之前对熙熙的教养方式较简单、直接。教师多与家长沟通，多多关爱孩子，给予孩子足够的安全感；多与孩子谈心，看到孩子的内心的渴望、看到孩子的需求所在，帮助孩子找到生活的意义。

（三）正向引导，处处关爱

每个学生都是独一无二的个体，其任何行为的出现都有迹可循，有对应的功能、动机。作为教师，我们应关爱学生，了解他们的需求，正向引导他们用恰当的行为作出表达，使其以正确可行的方式获得满足，并想办法提升其自信心与效能感，让其找到学习的乐趣。

参考文献

［1］李露露.正向行为支持法干预自闭症学生行为问题个案研究［J］.绥化学院学报，2016，36（4）：4.

［2］方芸.应用行为分析法对自闭症儿童社会交往能力训练的效果研究［D］.杭州：杭州师范大学，2015.

［3］刘宇，许华红.正向行为支持改变学生问题行为的研究［J］.教师博览（科研版），2017（5）：12-16.

［4］刘昊.正向行为支持法干预孤独症儿童问题行为的个案研究［J］.中国特殊教育，2007（3）：26-32.

附：

附表1 ABC行为观察记录表—前

学生姓名：熙熙   观察者：李志成   记录者：李志成

目标行为：攀爬、跳上跳下、打同学、躲在台子下、跑来跑去、不听指令

时间	前因（A）		行为（B）		后果（C）		行为持续时间
	行为发生的情境	引发行为的事件	先兆行为	叙述行为状况	教育人员采取的措施	学生的反应（包括其他学生）	
2022年9月5日上体育课20分钟	在乒乓球台做完热身运动，正在组织集队。	1. 教师组织会体排队，提醒熙熙起立；2. 教师严肃提醒。	熙熙不听指令，坐在地上。	1. 熙爬帐篷；2. 在围墙跑来跑去；3. 爬乒乓球台。	1. 提醒熙熙起立；2. 固定熙熙站立。	大部分同学关注。	20分钟
（6号请假）2022年9月8日上体育课10分钟	在操场上课。	集队。	无。	1. 跳台阶2. 在台阶上跑来跑去；3. 点名没用，也不停下来。	提醒熙熙起立。	关注。	30分钟
2022年9月9日上体育课30分钟	在操场上体育课，队列做完，组织去跑步。	组织去跑步。熙熙说：跑步很累。教师让其在树头休息。	无。	1. 跳台阶；2. 在台阶上跑来跑去；3. 点名没用，也不停下来。	担心安全，老师点名。	关注。	10分钟
2022年9月13日上体育课20分钟	在操场近凉亭上课。	无。	无。	在队伍间跑来跑去。	让其玩，安全就好。	小部分同学关注。	20分钟

慢教育 融发展

——小学普特融合支持系统构建之桂城模式

时间	前因（A）		行为（B）		后果（C）		
	行为发生的情境	引发行为的事件	先兆行为	叙述行为状况	教育人员采取的措施	学生的反应（包括其他学生）	行为持续时间
2022年9月15日上体育课15分钟	在树下附近凉亭上课。	无。	无。	1. 爬柱子；2. 跑去树下的台阶跳上跳下；3. 熙熙在后面与其他同学聊天。	担心安全，老师点名。	关注。	25分钟
2022年9月16日上体育课10分钟	在操场近凉亭上课在做队列。	熙熙跑去后面和其他女生聊天，教师上前提醒。	无。	熙熙在后面与其他女生聊天（熙熙跑后面袭击我），后跑去后面继续去聊天。	1. 提醒同学上课不要与熙熙玩；2. 语气严肃地说："你可以不上我的体育课，但不要影响其他学生上课。"	关注。	30分钟
2022年9月19日上体育课25分钟	在操场附近凉亭上课在做队列。	熙熙跑去后面和其他女生聊天，教师上前提醒。	无。	1. 与同学聊天；2. 与女同学跑到科学楼；3. 跑回教室。	语气严肃地说："你可以不上我的体育课，但不要影响其他学生上课。"	关注。	15分钟
2022年9月20日上体育课25分钟	在篮球场上课。	无。	无。	1. 爬篮球架；2. 在后面的台阶跳上跳下。	1. 冷处理 2. 提醒注意安全一次。	关注。	15分钟

时间	前因（A）		行为（B）		后果（C）		行为持续时间
	行为发生的情境	引发行为的事件	先兆行为	叙述行为状况	教育人员采取的措施	学生的反应（包括其他学生）	
2022年9月22日上体育课10分钟	1. 熙熙躲在一女生身后；2. 带队去体育馆。	无。	无。	熙熙带4个女生从后面队伍躲起来（玩躲猫猫）。	1. 集合队伍，等熙熙回来；2. 熙熙没回来，请班主任找他们，接着上课。	熙熙没在，感觉其他同学上课是很认真的。	30分钟
2022年9月23日上体育课室内10分钟室外30分钟	体育馆正常上课（帮助教师摆道具很认真）30分钟后想做自己的事了。	无。	与老师说不想做。	1. 熙熙躲在台子下面，知道老师找到后在笑；2. 打人(被打的人是经常受到表扬的学生）；3. 跳台阶。	1. 冷处理；2. 表扬熙熙认真摆道具；3. 可以让其玩，安全就好。	关注。	1. 室内10分钟躲在桌子下 2. 摆道具时间很认真 3. 跳台阶10分钟
2022年9月26日上体育课室内15分钟室外25分钟	正常上课。	无。	无。	1. 躲在桌子下；2. 跳窗户5次。	1. 提醒一次，叫熙熙注意安全；2. 减少对熙熙的关注；	小部分同学关注。	室内5分钟18分钟

时间	前因（A）		行为（B）		后果（C）		行为持续时间
	行为发生的情境	引发行为的事件	先兆行为	叙述行为状况	教育人员采取的措施	学生的反应（包括其他学生）	
2022年9月26日上体育课室内15分钟室外25分钟	1.要求学生下课时可以和熙熙玩，上课时不要和熙熙玩；2.熙熙会打人，让同学保护自己；3.组织大部分学生注意力在我身上。			（每次都会看老师）3.想打（得到表扬的）同学一次。	3.让一名同学跟着熙熙（主要是安全）；4.组织学生将注意力放在我身上。		
2022年9月27日上体育课室内15分钟室外25分钟	正常上课；安排熙熙叫口令。	无。	无。	1.熙熙躲在台子下面，知道老师找到后在笑；2.熙熙（自己玩自己的）爬物体的行为减少	课前预告。1.要求熙熙上课不要与其他同学打闹；2.说明他们要上课，你可以做你喜欢的事情。	几乎没关注。	室内5分钟约12分钟

时间	前因（A）		行为（B）		后果（C）		行为持续时间
	行为发生的情境	引发行为的事件	先兆行为	叙述行为状况	教育人员采取的措施	学生的反应（包括其他学生）	
2022年9月29日上体育课室内15分钟室外25分钟	正常上课；安排熙熙叫口令。	无。	无。	1. 熙熙很认真摆道具； 2. 熙熙一会感觉无聊后，去玩了，异常行为降低。	课前预告。 1. 要求熙熙帮助管纪律； 2. 要求熙熙上课不要与其他同学打闹； 3. 要求熙帮忙摆道具； 4. 表扬熙熙。	几乎没关注。	约10分钟
2022年9月30日上体育课室内15分钟室外25分钟	正常上课；安排熙熙叫口令。	无。	无。	1. 熙熙得到认可； 2. 熙熙开心，异常行为降低。	1. 与熙熙重新约定； 2. 在班上表扬熙熙，最近进步。	几乎没关注。	约8分钟

中篇　慢教育　融发展的理论研究

下篇

慢教育　融发展的
实施探索

小学普特融合支持系统的内涵

佛山市南海区桂城街道桂江第三小学　李利娟　李丽生

团队从环境支持（E）、教师支持（T）、课程支持（C）、管理支持（M）构建出ETCM特殊学生的支持系统。

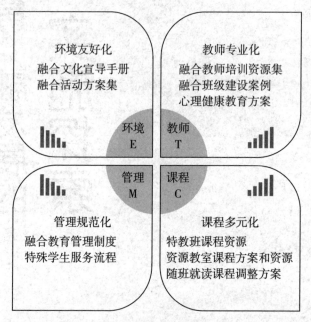

图1　小学普特融合支持系统ETCM图示

普特融合支持系统有效地支持了各类特殊学生融入普通教育环境，其涵盖四个方面内容：环境友好化——通过优化融合文化环境、创设融合氛围形成友好的融合环境；教师专业化——通过建设融合科组、组建融合教育工作团队，全面提升教师融合教育专业能力；课程多元化——通过研究特教班课程、丰富资源教室课程、探索随班就读课程，调整形成多元的融合教育课程体系；管理规范化——通过细化融合教育制度、完善服务流程、落实经费保障，全面支持融合教育工作。

融合教育环境建设方案

佛山市南海区桂城街道桂江第三小学　何文标　张力茹　范健华

友好的融合环境，是融合师生成长的沃土。融合环境建设强调"软硬兼施"，不仅要建设物质环境，也要建设文化软环境。

一、物质环境建设

物质文化是校园文化最外在的表现和标志。它包括校园的地理位置、地形风貌和校园的各种建筑、教学科研设备、文化娱乐设施、生活设施以及校园里的绿地、道路等硬件工程的合理布局，是校园文化的历史积淀和样式，是一种人文景观。校园文化中的物质文化能以其独特的物质文化结晶影响着受教育者，起到陶冶情操、净化心灵的作用。

（一）学校静态建筑物的命名

桂江三小自1993年开始作为佛山市在普通公立小学设立特教班最早的一批学校，开办一个"加强班"，专门接收桂城户籍持有残疾证的自闭症、智力低下、肢体障碍等特殊学生就读。2014年，桂江三小特殊教育迎来变革。政府关爱、领导重视，学校担当，高标准建设资源教室、特教班，逐步升级教育教学环境；高要求引进人才，特教办出水平、办出质量。2015年，佛山市特殊教育提升计划实施，桂江三小设立佛山市特殊学生随班就读共融基地、桂城街道随班就读指导中心，指导桂城街道特殊学生随班就读工作。

现在，科学楼又称为"融爱楼"，特教班有2个，普教班有7个，专门设置"家政室""感统室""宣泄室""运动场""休闲书吧"等，各项融合课程、劳动教育、功能室等做到普特融合，大爱无疆。

（二）融合场室建设

好的教学离不开教学硬件，我校为融合教育提供了2个特教班、1个资源教室、1个家政室、1个感统室、1个宣泄室、1个观察室以及1个融合书吧。

（1）特教班为街道中的特殊学生提供了学位，让学生能够到学校就学，能够享受学习带给他们的成长，为这么一群孩子提供一个与他人相处的机会。

（2）资源教室为随班就读的学生提供了一个"开小灶"的场地，融合教师在这里建立属于他们自己的档案，设计符合他们的学习计划，研究适合他们的学习方法，在这里他们不会受到班上同学们的排挤，他们会接收来自同学们的满满的关怀与关爱。

（3）家政室为学生提供一个像家一样温馨的地方，在这里他们要自己动手，学会自己照顾自己，减轻家人的负担。家政室是我们见证孩子成长的地方。

（4）感统室里充满了欢笑与快乐，多动障碍的孩子们可以到这里释放他们的精力，感统失调的学生也会到这里，由专业的教师为他们做评估，设计符合他们的上课内容，改善感觉统合失调的现象。

（5）宣泄室为学生提供一个情绪的发泄空间，在这里学生们可以将自己不好的、难过的心情都宣泄掉，走出宣泄室后他们会平复好自己的心情和情绪，继续和同学在学校认真学习。

（6）观察室是给教师们观察学生状态的一个场室，学生初来到学校难免有些紧张，如果教师一直在教室观察他，会激起他更大的反应，有了观察室教师可以在观察学生的同时不会带给学生压力，观察室也可以作为其他老师学习听课的好场所。

（7）融合书吧，顾名思义里面有很多的图书，其中更多的是符合小学年龄阶段学生阅读的绘本以及提高教师素养的专业书，它可以作为学生课后的一个好去处，也可以是教师专业成长的助力室。

二、融合文化建设

（一）开展融合文化节和融合宣导月活动

在全校范围内开展为期一个月的系列融合宣导活动，如：国旗下讲话、全校主题班会、融合艺术活动、融合绘本活动、融合艺术展等。效果良好，以后将继续开展，并优化为融合文化节，增加融合社团的开展，使融合文化参与程度更深。

（二）利用文化墙建设推动融合理念和文化的传播

创设互动性强的校园环境和无障碍设施、增加视觉提示、增设融合文化宣传栏和宣传墙，让融合理念和文化与校园完美融合。

融合教师专业素养培养方案

佛山市南海区桂城街道桂江第三小学　赵红　范健华　何惠如

为加快学校从普通学校向融合学校转型，完善教师专业发展机制，加速提升教师整体素质，培养造就一支高素质、专业化的融合教育教师队伍，促进我校教育教学质量不断提高，根据《中华人民共和国义务教育法》《特殊教育教师专业标准（试行）》，特制定本方案。

一、指导思想

遵循人的基本成长规律、教育发展规律，实施融合教育教师的专业成长，让全体教师掌握胜任融合教育教学工作所需的基本专业素养和修养，为促进我校融合教育事业内涵发展、转型发展、科学发展和创新发展提供强有力的支持和人才保障。

二、培养目标

提高青年教师的职业道德、专业水平和融合教育教学能力等，培养一批能发挥骨干作用的融合教育教师，着力打造一支以"四有"好老师和"四个引路人"为标准的融合教师队伍，进一步提升我校乃至区域融合教育质量。

三、培养对象

入职我校三年以内的教师。

四、培养阶段与具体要求

本培养方案以每一学年为一个周期，分为三个阶段，共12个课时的培养内容。

第一阶段：专业理念和师德（2课时）

1. 理解融合教育的意义

认识和理解融合教育工作的重要性，以及对学校、教师、普通学生和特殊学生的意义，热爱融合教育事业，具有职业理想和敬业精神。

2. 尊重学习者的多样性（科学发展，学习差异的本质）

从科学的角度理解人的多样性，学习的差异本质。关爱、接纳并主动关怀特殊学生，重视特殊学生身心健康，尊重特殊学生的独立人格，维护特殊学生的合法权益。积极创造条件，让特殊学生拥有快乐的学校生活。

3. 树立融合价值观

承认每个学生具有同等的价值，平等地对待每一个学生，提高学生之间的接纳、家长与学生的接纳及学生的自我接纳程度。

第二阶段：专业知识（5课时）

1. 学生发展和个体学习差异

了解特殊学生的定义、分类，以及不同年龄及不同类型特殊学生的身心发展特点和规律，找到保护和促进特殊学生身心健康发展的策略与方法。

2. 融合教育教学基本教学知识

掌握特殊教育教学基本理论、原则、方法和内容，掌握特殊学生品行养成的特点和规律。

第三阶段：专业能力（5课时）

1. 学习环境的创设能力

学会建立安全、包容的学习环境，使特殊学生成为主动、高效的学习者，具有良好的学习习惯，提高积极的社会交往以及自我决定能力。

2. 学习通用设计的能力

掌握学习通用设计的基本理念和三大原则，在课程设计之初把学生的差异性考虑在内，在教学发生之前就考虑到学生潜在的障碍和困难，减少后续教学过程中调整和修改的内容。

3. 班级管理能力

建立良好的师生关系，帮助特殊学生建立良好的同伴关系，引导特殊学生和普通学生交往，培养特殊学生的社会适应能力。制定明确的班规，教导学生遵守，制定明确的奖惩措施。灵活使用多元评价方式，给予特殊学生恰当的指导，多视角、全过程地评价特殊学生的表现。

小学语文课程调整指南

佛山市南海区桂城街道桂江第三小学　郭泳仪　刘晓彤　陈莹

一、背景

　　自1988年召开全国第一次特殊教育工作会议，30多年来，我国融合教育工作快速发展，并取得了巨大的成就，特殊学生进入普通学校就读已经成为主流趋势，融合教育已经成为特殊学生接受教育的主要形式。

　　融合教育虽发展迅速，但也存在诸多挑战。国内对融合教育课程的调整的实证研究不足，普通教师对特教专业技能了解有限，且缺乏对课程调整的策略。课程建设是影响融合教育质量和学生学习质量的关键因素。因此，融合教育质量的发展离不开课程的调整，推动融合教育高质量发展需要我们基于普通教育传统的课程与教学以及学生差异进行调整。

　　目前我校教师针对随班就读学生的语文学科课程调整的能力不足，课程可及性和适宜性不足，不利于随班就读学生融入到普通的语文课堂中；教师在课堂教学中对随班就读学生学习质量的关注度不够，无法为随班就读学生提供更有效、更全面的个别化服务。进行语文学科课程调整，设置适合随班就读学生实际水平的教学内容，是提升融合教育质量的重要举措。

二、目标

　　本校基于融合教育环境下课程调整理念以及学校实情，让包括特殊学生在内的所有学生都能参与统一的基于普通课程框架的学习与学业评价，着重于对字、词、句、段等基础知识的学习，培养他们的语言运用能力和文化自信，学有余力的同学还需要在语文课堂中提升思维能力和审美创造能力。语文课程应在尽力满足学生特殊需要的基础上保证所有学生尽可能地完成基于普通课程大纲所规定的、具有挑战性的学习任务，从而实现和维持他们可接受的学习水平和机会，挖掘其潜力。除此之外，也为特殊学校与普通学校之间的教学、特殊学生与普通学生之间的语文学业检测提供互相比较参照的统一依据，从而促进语文学科教学整体质量的提高。

三、课程调整原则和基本要求

随班就读教学内容的选择，往往是由教师参照普通教育的内容，针对随班就读学生的实际情况做出调整、选择。调整与选择教学内容的基本要求是具有系统性、可接受性和实用性。

（一）系统性

语文教材本身是有系统、有结构的，调整后的内容仍须具有逻辑性。这对于学生在学习中形成良好的认知结构非常重要。

随班就读学生的知识结构联系质量不高，是因为相关知识间没有建立联系或某种联系建立得不够完善。因此，教师在语文教学中应特别注意帮助随班就读学生建立语文知识的内在逻辑联系。

（二）可接受性

调整教学内容，还要考虑不同学生的可接受程度。对于一些轻度智力障碍的学生，小学中、高年级的一般内容也会让他们感到困难。教师花了不少力气教，收获也不大，且容易挫伤学生的自信心与积极性。

因此，教学中应删去过难的内容，补充贴近他们生活、他们感兴趣的内容，巩固其最基本的知识技能。如：语文课中笔画多的、冷僻的字，可以不要求他们书写，只要求他们认识等，提升随班就读学生的学习积极性。

（三）实用性

调整教学内容，还要考虑到内容的实用性，考虑到社会对教育的需要。对随班就读学生来说，他们学习后，最终是要走上社会的，知识技能对他们来说是自身立足于社会的基础。

因此，教师在设计教学内容的时候不仅要保留教材中有实际应用价值的知识，而且应当适当补充一些与当地生产、生活实际密切联系的知识技能。如在语文课堂的口语交际教学中，教会他们如何打电话、如何有礼貌地向他人寻求帮助、如何向他人致歉等。

四、小学语文学科特性分析

（一）教学上具有生活化特点

语文来源于生活，又高于生活。从小学生的生活经历而言，语文的教学已不再局限于课堂教学，而是更深入广泛地渗透到儿童的家庭生活和社会生活中，尤其符合特殊教育贴近生活性的特点。生活成长的任何地方和环境都是语文学习和教育的课堂。如阅读报刊、看社会场所中的标牌、看生活用品的说明书、与他人打电话进行沟通、购买生活用品等，都蕴含着简单的小学语文知识。因此，小学随班就读语文的教育应该是现实的、生动的，应具有一定的直观性。这些生活化的内容能很好地培养儿童阅读、表达、沟通、思考的语言能力和交流能力。

（二）学习上具有自主性特点

小学语文知识主要是学生在具体生活中依据现有生活经验而产生的，因此在教学生时应以启发引导为主、知识教授为辅，为学生提供探索、讨论、实践和解决问题的机会，给学生留下足够的空间让学生思考，使其真正成为知识学习的主人，养成自主学习思考的好习惯。小学语文学习不仅是单纯的记忆和训练过程，还应采取自主探索、合作交流和实践运用等多种模式相结合，将小学语文教学从单纯的知识传授转换成学生对语文活动的积极参与，语文教师应由单纯的知识传授者转变为语文学习的组织者、引导者和合作者。

（三）知识上具有工具性和人文性统一的特点

小学语文在知识上具有工具性和人文性统一的特点。语文课程应该引导学生热爱国家通用语言文字，在真实的语言运用情境中，通过积极的语言实践，积累语言经验，体会语言文字的特点和运用规律，培养语言文字运用能力；同时，发展思维能力，提升思维品质，形成自觉的审美意识，培养高雅的审美情趣，积淀丰富的文化底蕴，继承和弘扬中华优秀传统文化、革命文化、社会主义先进文化，增强对政治文化的理解和认识，全面提升核心素养。语文学科致力于全体学生核心素养的形成与发展，为学生学好其他课程打下基础；为学生形成正确的世界观、人生观、价值观，形成良好个性和健全人格打下基础；为培养学生求真创新的精神、实践能力和合作交流能力，促进德智体美劳全面发展及学生的终身发展打下基础。

五、课程调整维度

课程调整是基于融合教育环境下特殊教育需求学生的基本需要和能力对普通班课程进行调整，主要包含对课程目标、课程内容、课程组织和课程运作过程的调整。

（一）课程目标维度的调整策略

课程目标维度的调整主要出现在学生与课程的匹配环节，这个过程可采用对课程目标的减量、简化、分解、替代策略。如果原有课程目标对学生来说过多，近期完成不了，就减少数量；原有课程目标对学生太难，就简化目标难度，或者按照难度梯度层层分解，给他适合的层次目标；原有课程目标学生近期不可能达到，就用生活性较强的目标替代。

（二）课程内容维度的调整策略

对课程内容的调整可在普通课程之外在资源教室给学生上外加课程。外加课程的重点在于教导学生的学习策略和先备知识，不打乱普通班原有教学节奏，是属于学生内在的调整策略，调整课程与教学本身的外在调整相对，是幅度较小的调整，对原有课程不会造成过多改变。

（三）课程组织维度的调整策略

研究者在本研究中均采用"大课程"的定义，对应的课程组织应该包含课程内容组织和教学组织，课程内容上文已经提到，这里的课程组织仅仅是指教学组织。教学组织层面的调整策略主要有合作学习、教师合作调整和小老师制。

（四）课程运作过程维度的调整策略

课程运作过程维度的调整策略，主要体现在每一堂课的教学、巩固过程中，针对全班或个别学生的需求，运用的调整策略。可从环境、教材呈现、活动步调、学生反应、结果和支持等方面进行调整。其中比较容易实行而且颇有成效的策略有：调整学生座位，用实物、图片、计算机网络帮助学生理解字词句，使用微课进行教学，减缓教师语速，允许更多时间完成任务，使用图画代替文字作业和建立强化系统等。

六、课程调整策略和具体措施

（一）减量

1. 定义

课程减量是指在普通课程的基本框架下，因为学生的特殊需要，而减少重点目标的数量或部分内容，即减少随班就读学生所学内容的数量。

2. 案例

表1　语文（统编版）二年级下册第七单元第22课《小毛虫》

《小毛虫》学习目标	随班就读学生学习目标
1. 结合课文语境，学习本课的16个生字，借助字典学习多音字"尽"；随文学写"整"字，集中学写"纺，织，编"这3个生字；借助图片、近反义词，具体语境等方法理解并积累"笨拙、生机勃勃、尽心竭力、九牛二虎之力、色彩斑斓、笨手笨脚"等词语。（重点）	1. 结合课文语境，学习本课的6个生字，借助字典学习多音字"尽"；在阅读的过程中了解并积累"笨拙、生机勃勃、笨手笨脚"等词语。

《小毛虫》学习目标	随班就读学生学习目标
2. 图文结合，激发阅读兴趣，通过多种方式读准字音，能正确、流利地朗读课文。（重点） 3. 围绕"＿＿＿＿的小毛虫"阅读第12自然段，用心感受、体会小毛虫的"可怜"与"笨拙"，尝试有感情地朗读相关语段。（重难点） 4. 围绕"＿＿＿＿的蝴蝶"阅读第7自然段，用情体验体会蝴蝶的"灵巧、轻盈、美丽"等，感受文中生动形象的语言，运用多种方式积累背诵优美语段。（重难点）	2. 图文结合，激发阅读兴趣，通过多种方式读准字音，能正确、流利地朗读课文。 3. 围绕"＿＿＿＿的小毛虫"阅读第12自然段，用心感受，体会小毛虫的"可怜"与"笨拙"，尝试有感情地朗读相关语段。

分析：语文学科部分课文较长，容量极大，对于随班就读学生而言，学习难度过大，不利于他们融入语文课堂的学习。在这种情况下，教师要根据随班就读学生的实际水平和教学内容进行教学目标和内容的删减，以达到学生的可接受程度，使随班就读学生不因学习内容过多而产生畏难情绪。如：在《小毛虫》一课中，将识字数量由16个删减为6个，删去需要学写的3个生字，积累词语的数量由原来的6个删减为3个。

（二）简化

1. 定义

课程简化，指由于残疾导致学生学习水平的限制，在保持普通课程基本内容不变的情况下，对学习的难度、复杂性或数量进行适当的降低或减少。

2. 案例

表2　语文（统编版）六年级上册第三单元第10课《竹节人》

原文第九自然段	简化后的文段
将鞋线一松一紧，那竹节人就手舞之、身摆之地动起来。两个竹节人放在一起，那就是搏斗了，没头没脑地对打着，不知疲倦，也永不会倒下。	拉动鞋线，那竹节人的身体就动起来了。两个竹节人放在一起，那就是打架了，傻傻地对打着，不知道累，也永不会倒下。

分析：在原文中，部分词语对于随班就读学生而言，难以理解。在进行课程内容简化后，对课文做了难度的调整，用较口语化的方式来呈现课文，以符合随班就读学生的学习需求和能力水平。

（三）分解

1. 定义

课程分解是指在普通课程的基本框架下，部分教学目标和内容难度过大，对于随班就读学生而言，无法直接完成。因此，教师要将教学内容细化成几个或许多个小内容，随班就读学生再逐步学习分解后的内容，逐步完成分解目标。

2. 案例

表3　语文（统编版）二年级上册第三单元第4课《曹冲称象》

原文第二自然段	分解后的文段
大象又高又大，身子像一堵墙，腿像四根柱子。官员们一边看一边议论："这么大的象，到底有多重呢？"	大象又高又大。大象的身子像一堵墙。大象的腿像四根柱子。官员们一边看一边议论："这么大的象，到底有多重呢？"
分析：在原文中，第一个句子较长，对于随班就读学生而言有难度。因此，对第一句进行分解，以便于学生学习。	

（四）替代

1. 定义

课程替代是指在普通课程的基本框架下根据随班就读学生的实际水平和动态学习情况，设定适合他们的课程目标和内容，替代原有课程目标和内容。实施课程替代时，要降低课程学习的目标，在课程内容的数量或难度上，也要把一些学科性的课程内容替代为功能性的课程内容。

2. 案例

表4　语文（统编版）三年级上册第一单元第1课《大青树下的小学》

原文第四自然段	替代后的文段
这就是我们可爱的小学，一所边疆的小学。古老的铜钟，挂在大青树粗壮的枝干上。凤尾竹的影子，在洁白的墙上摇晃……	这就是我们可爱的小学， 一所边疆的小学。 古老的铜钟， 挂在大青树粗壮的枝干上。 凤尾竹的影子， 在洁白的墙上摇晃……

分析：在以上教学内容中，要学的生字有"凤、洁"，要写的生字有"粗、影"，为了更有利于随班就读学生学习，把这段课文做成段落式的替代，把重点词语以红色和蓝色等不同颜色标记强调，以吸引随班就读学生的注意，且在教学中多做词语朗读。

七、语文课程调整评价形式

（一）评价活动目的

对随班就读学生进行评价，应该基于本学期需落实的各种语文要求，将学习内容与游戏有机结合，提升学生的学习兴趣。本方案中呈现的评价形式，主要创设三个平行活动板块（此处以板块一为例），学生可以根据自己的个人兴趣任意选择其中一个板块参与活动，去收获活动奖章，最后得到教师综合性的评价。寓"学"于乐，让学生在有意思的活动中巩固本学期在识字写字、阅读、口语交际和表达等方面的能力，并以此促进教师的教学。

（二）评价活动设计

本方案设计了"玩转游乐场""校园大碰撞""疯狂动物园"三个平行版块（此处以板块一为例），考查本学期学生应掌握的识写、读背、积累、阅读、表达等各项能力，教师针对学生表现在游戏护照上盖章奖励，最后给予综合性评价。

表5　综合性评价节选

板块一：玩转游乐园	活动一：认识游乐园	走进游乐园，发现游乐项目真多呀！请你大声说出有哪些游乐项目。 滑滑梯　滚铁环　荡秋千　唱京戏　捏泥人 坐过山车　闯鬼屋　开碰碰车　乘海盗船　玩大摆锤
		评价标准：词语认读正确，每2个词语得一个印章。全对再奖励3个印章。 设计意图：考查学生对表示动作的词语以及动词+名词结构的积累和运用。

板块一：玩转游乐园	**活动二：游乐园初印象**	游乐园里的游人可真多！人们在不同的地方玩着各种不同的项目，多开心呀！请你选择以下句式中的一个，说一说你在游乐园里看到的景象。 "有时候……有时候……" "在……在……在……在……" "一边……一边……" 评价标准：能正确运用句式，且表达流利，可得5个印章，其次得3个印章。 设计意图：考查学生对课文重点句式的模仿和运用能力。
	活动三：写话留纪念	游乐园的参观很快接近了尾声，你在游乐园购买了一个最喜欢的玩具纪念品，请你向大家介绍一下它是什么样子的？它好玩在哪？先想一想，再写下来。游乐园会把它粘贴在展览厅，向所有人展示哟！ （田字格） 评价标准：书写正确、美观，格式正确，标点使用正确，能写清楚玩具的样子，或者介绍清楚玩具是怎么玩的（能从某一方面写清楚即可），可得6个印章。其次得5个、3个印章。 设计意图：考查学生对写话格式，标点符号使用的掌握情况，考查学生的表达能力。

（三）评价结果呈现形式

为鼓励学生的学习积极性，树立学习自信心，获得学习成功感，根据学生在板块活动的表现，分别设立"游乐大玩家""校园体验师""动物守护者"封号。在每一板块中得章数盖满15个，即可获得封号，换一份小奖品。

表6 评价表格

	"游美丽南粤，提语文素养"活动护照 班级： 姓名：					
路线一： 玩转游乐园	○	○	○	○	○	○
	○	○	○	○	○	○
	○	○	○	○	○	○
	○	○	○	○	○	○
综合评价	恭喜你，被评为（ ）！真棒！					
家长的话：						

八、问题和展望

（一）现阶段问题

课程调整应充分考虑到教师可能遇到的挑战，为教师的调整工作排除障碍。我校在建构管理制度，组建教师团队，营造融合文化，开展教师培训、教研活动、家校合作等方面已经有了较好的基础，能根据随班就读学生的需要，在课程方面进行多样化的尝试，让他们接受个性化的教育服务；个别化教育理念被普遍接受，完整的个别化教育流程初步形成；教师努力在各个教学环节关注学生的特殊需要，创造条件让随班就读学生尽量融入课堂。但在课程与教学方面也反映出一定的问题：

一是评估没有得到真正落实。在课程调整的时候，教师主要凭经验，未能充分依据前期评估结果进行，导致课程调整与学生的需求错位。评估是实施课程与教学调整的第一步，如果这一步没有落实，就很难在课程目标、教学内容、教学策略、评价方式等方面形成一致性和整体性，教学有效性不可能得到真正提高。

二是缺乏适合特殊学生随班就读的课程本位评估工具。依靠发展性能力评估工具得出的结果无法直接与课程标准对接，无法确定随班就读学生的学科长短期学习目标，因而无法将评估结果直接运用于课堂教学，导致个别化教育计划制订得不科学、不全面。

基于对问题的分析，我们认为在现有条件下，教师的专业态度、专业知识和专业能力是影响随班就读课程与教学调整水平的关键因素。而随班就读教师专业化的起点是教育评估，从教育评估入手，开展让教师真正学得会、用得上的实操性专业培训成为我校语文学科随班就读课程与教学深入改革的突破口。

（二）期待与展望

让每一个有特殊需要的孩子享受公平而有质量的教育是实施随班就读的根本目的。下一步，我们将根据国家《义务教育课程方案和课程标准》修订的方向，进一步修订和完善随班就读课程评估工具，深入推进课程与教学调整模式实施发展，使其基本理念和实践操作转变为随班就读学校的自觉行为，切实提高随班就读教学的有效性，扎实推进融合教育内涵发展。

附：语文课程调整教学设计案例

《蜘蛛开店》

——二年级下册语文教学设计

一、教材分析

对于普通学生，新课标第一学段（1~2年级）中要求："阅读浅近的童话、寓言、故事，向往美好的情境，关心自然和生命，对感兴趣的人物和事件有自己的感受和想法，并乐于与他人交流。"《蜘蛛开店》是部编版二年级下册第七单元的第二篇课文。本单元的主题是"改变"，语文要素是"借助提示讲故事"。《蜘蛛开店》是一篇童话故事，讲述的是一只蜘蛛因为寂寞、无聊而开了三次编织店，分别迎来了三位顾客河马、长颈鹿、蜈蚣，他卖口罩，来了一只河马，他织口罩用了一整天。他卖围巾，来了一只长颈鹿，他织围巾足足忙了一个星期。他卖袜子，来了一只四十二只脚的蜈蚣，他吓得匆忙跑回网上。故事情节简单，一波三折，内涵丰富。本课在结构上有反复的特点。"卖口罩""卖围巾""卖袜子"三个部分，故事情节类似，写法相似。告诉我们任何一件事情做起来都不像我们想的那样简单，需要我们灵活思考，坚持不懈。本篇课文启发学生在阅读中学会思考、学会改变。

二、教学对象分析

班级情况：本班是二年级随班就读"融合班"，由40名普通生和1名随班就读学生组成的"星星班"。

普

本班多数学生能够根据拼音正确书写字词，能够听读识字、看拼音识字，能进行课文阅读和课文理解，并在课堂上积极主动地参与小组讨论。二年级的学生喜欢听故事、讲故事。本课内容生动、故事性强，自然容易激发学生的学习欲望。

随

张××，2015年11月出生，语言发展迟缓，说话较为含糊，情绪不稳定，容易大哭与尖叫，肢体不协调。在意小组积分、奖励，上学期在语文课堂上多次因积分低，情绪失控。

有基本的识字能力与语文学习兴趣，与同学关系紧张。与汪××关系较好，安排边××、蒋××组成同伴帮扶小组。

附图1　普随对比

在学习本篇课文之前，学生已阅读了《神笔马良》《七色花》《大头儿子和小头爸爸》等童话故事，为此篇故事的阅读和理解起到了铺垫作用。

三、教学目标分析

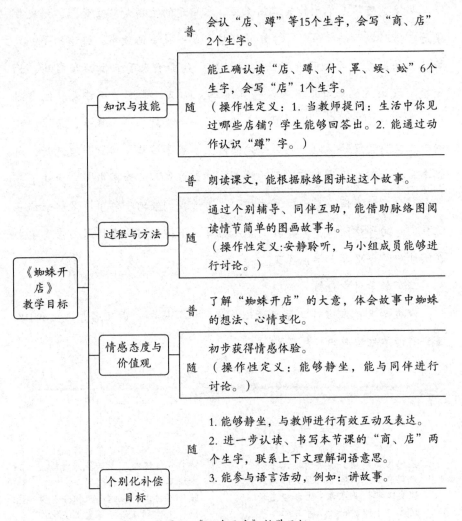

《蜘蛛开店》教学目标

知识与技能

普 会认"店、蹲"等15个生字，会写"商、店"2个生字。

随 能正确认读"店、蹲、付、罩、蜈、蚣"6个生字，会写"店"1个生字。

（操作性定义：1. 当教师提问：生活中你见过哪些店铺？学生能够回答出。2. 能通过动作认识"蹲"字。）

过程与方法

普 朗读课文，能根据脉络图讲述这个故事。

随 通过个别辅导、同伴互助，能借助脉络图阅读情节简单的图画故事书。

（操作性定义：安静聆听，与小组成员能够进行讨论。）

情感态度与价值观

普 了解"蜘蛛开店"的大意，体会故事中蜘蛛的想法、心情变化。

随 初步获得情感体验。

（操作性定义：能够静坐，能与同伴进行讨论。）

个别化补偿目标

随 1. 能够静坐，与教师进行有效互动及表达。
2. 进一步认读、书写本节课的"商、店"两个生字，联系上下文理解词语意思。
3. 能参与语言活动，例如：讲故事。

附图2 《蜘蛛开店》教学目标

四、教学重难点

《蜘蛛开店》教学重难点

- 教学重点 —— 识记生字词，把握故事内容。
- 教学难点 —— 能根据示意图讲故事。

附图3 《蜘蛛开店》教学重难点

五、融合课堂支持策略

图片支持策略、词卡提示策略、游戏激趣策略、个别化支持策略、合作学习策略。

六、教学资源准备

教具、字卡、平板电脑、课件、图片、随班就读学生上课记录表等。

七、随班就读学生课堂调控策略

针对随班就读学生注意力持续时间较短，情绪不稳定等特点，为随班就读学生安排了助学伙伴，成立"天使小组"，助学伙伴的作用为：适时提醒、学习上的帮助与指导，小组讨论等。设置课堂奖励机制，用"卡通贴纸"奖励学生好的课堂表现，提高课堂注意力。课后可利用所积得的贴纸兑换奖励礼物。

八、特殊指导说明

如果随班就读学生不了解教师所说的内容，教师可以进行多言语提示，要求学生注意听；也可以视需要使用字卡、实物或动作示范等，协助学生了解意思。

九、教学过程

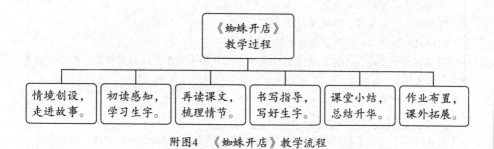

附图4　《蜘蛛开店》教学流程

附表1　《蜘蛛开店》教学过程

一、情境创设，走进故事
1. 逛逛动物集市，指导学生认读生字"店"，学习"店"词组。 2. 联系生活实际，谈谈生活中有什么"店"。 3. 出示课题，齐读课题。

一、情境创设，走进故事

【设计意图】从学生的生活实际入手，关注儿童的经验世界，尊重学生主体，联系生活实际，为随班就读学生创造回答机会，使随班就读学生在课堂开始就有浓厚的兴趣，产生好奇心和求知欲。

学生活动（普通）：	学生活动（随班）：	随班生教学调整：
1. 学习生字"店"的读音，随机识记"店"字。 2. 拓展生活店铺类型。 3. 全班书空课题，齐读课题。	1. 安静坐在位置上，集中注意力聆听。 2. 随班就读学生能看图或联系生活回答出店铺类型。 3. 书空、齐读课题。	教师引导：你能说说你去过什么店吗？
	随班就读学生评估调整： 学生安静坐在位置上，能够齐读课题，认真听课，即达到目标。	

二、初读感知，学习生字

学习活动一：考取"开业许可证"。

1. 提出自读要求：自读课文，把字音读准，句子读通顺。

2. 自由拼读生字，小老师"抢答"教读，随机正音。

3. 多种方式识记生字。

4. 生字认读检测。

5. 词语偏旁归类小游戏。（平板—备课大师）

学习活动二：了解蜘蛛心事。

1. 默读课文，完成课文概述题。

2. 找一找蜘蛛开店的原因，圈出关键词。

3. 指名读第一小节，思考：文中说这是一只怎样的蜘蛛呢？联系前后文，理解"寂寞"的意思。

4. 从哪些词中你们感受到了蜘蛛的寂寞无聊？

5. 讲解"蹲"的意思。

【设计意图】通过多种形式的识字，使学生掌握字音，记住字形。通过趣味游戏快速集中随读生注意力，激发学生识字的兴趣，通过动作示范等，协助随读生了解意思。

学生活动（普通）：	学生活动（随班）：	随班就读学生教学调整：
1. 轻声自由地朗读课文，画出生字组成的词语，标好自然段。	1. 标自然段。 2. 跟读生字。 3. 利用平板操作偏旁归类游戏，与同桌互读生字。	教师引导：你有什么好方法记住这些生字呢？ 教师引导随班就读学生来做这只小蜘蛛，体验蹲的动作。

二、初读感知，学习生字		
2. 自主认读生字表中的生字，小老师带读，学生跟读。 3. 同桌之间利用平板相互检查生字。 4. 小组交流识字方法。 5. 圈画关键词"每天、等着"。 6. 齐读第一自然段。	4. 到讲台做蹲的动作。 5. 跟读第一自然段。 6. 说出答案"开店"。	教师引导：它这么无聊，于是做了一个大胆的决定，是什么呢？
	随班就读学生评估调整： 1. 学生能够标好自然段，开口读生字，即达到目标。 2. 学生能够利用识字方法识记生字，即达到目标。	

三、再读课文，梳理情节		

学习活动三：理理商店的经营之路。

1. 默读，思考：蜘蛛开的店卖了哪些商品？分别卖给了哪些顾客？（平板—备课大师）

2. 画出蜘蛛想法的句子。

3. 根据学生交流相机出示课后习题脉络图。

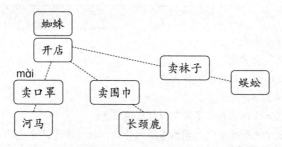

4. 小蜘蛛是怎么招揽生意的？出示句子。

5. 吆喝声引来顾客了吗？

6. 顾客来了，认识河马，板书"嘴大"。

学习活动四：故事分享会

1. 聚焦"蜘蛛卖口罩"，讲好故事片段。

2. 分段朗读3～5自然段，读好"蜘蛛卖口罩"。

3. 总结规律。

4. 出示评价表，借助板书（示意图）讲讲蜘蛛卖口罩。引导学生练习"蜘蛛卖口罩"。

5. 小组展示讲故事。

6. 根据评价标准，学生互相评价，教师适当点拨。

【设计意图】教学过程中体现自主、合作、探究的学习方式。发挥随班就读学生的创造力，体现学生之间的互动与交流，相互启发、相互促进。让随班就读生在学习任务中获得"学习认同"，增强自信心，提高语言表达能力与合作能力。

三、再读课文，梳理情节		
学生活动（普通）： 1. 能够找到"商品""顾客"，齐读词语。 2. 学生吆喝"口罩编织店，每位顾客只需付一元钱"。 3. 分组朗读。 4. 学生进行归纳整理，总结出每个结构段的内容。 5. 梳理课文情节，小组讲故事。 6. 学生互相评价。	学生活动（随班）： 1. 在平板上操作，找到"商品""顾客"。 2. 齐读词语。 3. 学生尝试讲故事，互助同伴进行补充。	随班就读学生教学调整： 使用"随班就读学生上课记录表"的调控策略，学生遵守课堂纪律。 教师引导：吆喝声引来顾客了吗？ 引导学生与同伴友好沟通，安静聆听。
	随班就读学生评估调整： 在跟读规则的过程中，能集中注意力，端正坐好，即达到目标。 学生能愉快、积极参与到讲故事中，即达到目标。 正确填写记录表数据内容，不抗拒组员的帮助，情绪平和，即达到目标。	

四、书写指导，写好生字		
学习活动五：帮助蜘蛛写字。 1. 指导观察"商"和"店"字。 2. 指导学生识记字形，交流书写注意点。 3. 教师范写，学生书空。 4. 学生描红、书写，注意写字姿势。教师巡视指导。 5. 分别展示普通学生和随班就读学生书写的作品，教师进行评价、纠正。		
【设计意图】根据随班就读生的精细动作发展特点，降低书写的要求，根据笔画顺序写好"店"字。		
学生活动（普通）： 1. 观察生字。 2. 观察生字在田字格中的位置。 3. 和老师一起书空。 4. 书上描红、写字。 5. 同学评、自评。 6. 修改作品。	学生活动（随班）： 1. 认真观察生字"店"。 2. 书空生字。 3. 书上自主描红，写字。	随班就读学生教学调整： 1. 教师引导学生的写字姿势。 2. 能够认真倾听他人发言。
	随班就读学生评估调整： 写字姿势正确，认真书写，即达到目标。 能够对自己或同伴作品进行简单的评价，即达到目标。	

五、课堂小结，总结升华
蜘蛛决定开一家商店，可它在开店过程中却屡屡失败，这是为什么呢？下节课让我们一探究竟吧！

六、作业布置，课外拓展
作业超市选购： 1. 课后阅读鲁冰爷爷的其他作品：《最亮的眼睛》《小蝌蚪吞了一块天》。 2. 根据示意图，回家把《蜘蛛开店》讲给爸爸妈妈听。
【设计意图】改变以往单一、机械重复的传统作业形式，能够让随班就读学生根据自身情况进行选做，拓展。拓展阅读，激发孩子阅读童话的兴趣。
七、板书设计

小学数学课程调整指南

佛山市南海区桂城街道桂江第三小学　苏绮滢　丘淑敏　陈文威

一、小学数学学科特性分析

（一）教学上具有生活化特点

数学来源于生活，又高于生活。从小学生的生活经历而言，数学的教学已不再局限于课堂教学，而是深入广泛地渗透到儿童的家庭生活和社会生活中，尤其符合特殊教育贴近生活性的特点。生活成长的任何地方和环境都是数学学习和教育的课堂。如在家庭中日常读取时钟时间、日历上的日期，日常生活中购物金额的简单结算等，都蕴含着简单的小学数学问题和知识。因此，小学随班就读数学的教育应该是现实的、生动的，应具有一定的直观性。这些生活化的内容能很好地培养儿童观察、推理、验证的抽象思维能力和分析能力。

（二）学习上具有自主性特点

小学数学知识主要是学生在具体生活中依据现有生活经验而产生的，因此在教学生时应以启发引导为主，知识教授为辅，为学生提供探索、讨论、实践和解决问题的机会，给学生留下足够的空间让学生思考，使其真正成为知识学习的主人，养成自主学习思考的好习惯。小学数学学习不仅是单纯的记忆和训练过程，还应采取自主探索、合作交流和实践创新多种模式相结合，将小学数学教学从单纯的知识传授转换成学生积极参与数学活动，而数学教师则应由单纯的知识传授者转变为数学学习的组织者、引导者和合作者。

（三）知识上具有科普性特点

小学数学具有区别于科学数学的显著特征，其与科学数学在学习目的和学习方式上有较大的差异。目的上，科学数学往往强调揭示数量关系和空间形式，通过严密的抽象逻辑推理，形成数学理论，而小学数学则是以培养学生乐学、活学，促进学生终身和谐、可持续发展为其基本教育出发点；在科学数学中，相关的数学理论和知识都是通过严密的逻辑推理、论证得出，而小学数学则多是基于学生的生活观察，从生活中的一些具体事例出发，通过教师引导和启发，总结出相关法则并反过来应用于生活，逐步提高学生对数学知识的理解能力。

二、课程调整策略和具体措施

（一）减量

人教版五年级下册第三单元《长方体和正方体》例6求不规则物体的体积可以进行删减。测量不规则物体的体积这一内容是在学习了长方体和正方体体积计算之后安排的，是长方体和正方体体积计算的拓展。通过测量梨这个不规则物体的体积有多大，引导学生想办法将不规则物体转化成学过的规则物体，根据梨放入水槽前、后水面的变化情况，让学生在观察中发现梨的体积就是水面上升的那部分水的体积。特殊学生知识迁移能力薄弱，思维逻辑简单，没有办法像普通学生一样每个目标都达到，且求不规则物体体积内容是本单元的拓展内容，在实际生活中运用较少，因此本课内容可删减不做要求。

（二）简化

在人教版五年级下册第六单元《分数的加法和减法》中，分数的加减法内容只需要掌握同分母分数的加减法。同分母分数加减法"一课，是学生在学习了分数的意义和性质等相关知识的基础上进行学习的，与整数加减法算理、算法上难度接近，学生容易理解，结合画图更容易直观理解分数加减法的意义。异分母分数加减法教学目标则可进行简化，只需讲解异分母分数加减法法则的推导过程，学习"转化"的数学思想方法，对于能运用异分母分数的加减法运算法则进行计算不做要求。

（三）分解

人教版五年级上册第一单元《小数乘法》例9分段收费。

9　右面是某地出租车的计价标准。李叔叔乘坐出租车行驶了6.3km，他应付出租车费多少钱？

计价标准
3km及以内7元；
超过3km的部分，每千米1.5元
（不足1km，按1km计算）。

这部分内容是在学生已经积累了一定的数量关系及解决问题的经验，了解了同一问题可以有不同的解决方法的基础上学习的。普通学生在以往的学习过程中，在生活的实践体验中都曾涉及过，有一定的整理信息、分析问题和解决问题的思想、方法、经验，具有一定的数学思维能力和解决问题的能力，他们也已经具有一定的知识和生活经验。而随班就读的学生难以理解综合算式的算理，因此教师对分段计费问题的解题过程进行分解，分解成多步骤计算。首先，理解3km内7元起步价的含义；其次，计算超过3km的部分所花的费用；最后，将两段费用相加就是应付的车费。对本课内容进行分解，有利于随班就读学生对每段收费的含义进行理解，且降低了计算难度。

（四）替代

人教版三年级下册第三单元《复式统计表》。教材为了便于学生掌握，为学生学习新知识做了精心的设计。内容的选择注意联系学生的生活实际，如统计最喜欢的活动、统计学生喜欢看的电视节目，喜欢的图书等等。本节课是在学生学习了一些简单的统计图表知识，学会运用简单的方法收集和整理数据的基础上进行学习的。把"掌握数据的收集、整理、描述和分类的相关知识，熟练填写简单的复式统计表，能根据统计表中的数据提出和回答简单的问题。"替代为"掌握数据的收集、分类的相关知识，熟练填写简单的复式统计表，能根据统计表中的数据回答简单的问题。"学生更容易获得学习数学的成就感，提高自信心。

三、总结

课程调整应充分考虑到教师可能遇到的挑战，为教师的调整工作排除障碍。本校明确支持课程调整，有比较开放、先进的教育理念，有参与普通教育改革的计划和基础。学校应出台相应的教学质量考核标准，不以学生学业成绩作为唯一指标，强调学生的个性化发展和全面发展，让教师心无旁骛地进行课程调整。定期举办家长培训、教师培训等活动，加强家校合作，提升教师专业素养。

融合教育学生课程调整后学生的学习动机、学习策略和数学学业水平都有了一定的提高，本校三名随班就读学生的数学学业、数学课堂参与情况均有所改善。融合教育学生课程调整后，普通教师的课程调整意识和调整能力增强，资源教师和普通教师共同制订并实施了详细的课程调整计划，出现的问题共同探讨解决，交流彼此心得，为调整的持续进行助力。

课程调整是一个系统的工程，涉及很多人员的立场问题。在进行课程调整时，实施者应该坚定地站在学生的立场上，以学生为中心进行调整，不为老师的绩效考核调整，也不为家长对考试成绩的期待而调整。要考虑到并不是所有学生都需要和愿意进行课程调整，课程调整的前提是特殊需求学生已经融入普校环境，当前的第一需求是学业需求。要特别注意个别调整可能给学生带来的负面标签化效应，尽量采用合理的手段避免不合适的调整带来的伤害。

附：数学课程调整教学设计案例

经历统计过程，提升数据意识

——五年级"掷一掷"教学设计

一、教材分析

对于义务教育阶段普通学生，《义务教育数学课程标准（2022年版）》明确指出，"统计与概率"是义务教育阶段数学学习的重要内容之一，在小学阶段包括"数据分类""数据的收集、整理与表达"和"随机现象发生的可能性"三个主题。其中，"数据的收集、整理与表达"涵盖了数据的收集能力和使用统计图表、平均数、百分数来表达数据的能力。通过这些主题，学生将亲身经历数据收集的过程，并能够发现其中蕴含的有价值的数学信息，从而初步形成数据意识。

《掷一掷》是人教版小学数学五年级上册的内容，是学生在学习完"可能性"后，通过游戏的形式来探讨可能性大小的实践活动课。通过本课的学习让学生在探讨事件发生的可能性大小的同时巩固"组合"的有关知识。教材设计了学生与教师一起玩掷骰子比赛的情境，也就是同时掷两个骰子，把两个朝上的数字相加，和可能有哪些情况。其实这是一个"组合"的问题，学生可以利用学过的有关"组合"的知识把两个数字相加所得的和的所有情况都列出来。两个骰子的和最小是：1+1=2，最大是：6+6=12，根据这一点首先可以判断事件发生的确定性和可能性，即两个数的和可能是2、3、4、5……12中的任意一个数，不可能是1和13以及13以上的数。同时，在2~12这些数中发生的可能性大小也是不同的。因此让学生通过游戏，在猜想、实验、比较中探讨事件发生的可能性大小。这既发展了学生的动手实践能力，又充分调动了学生学习数学的兴趣。

对于随班就读学生，在《培智学校义务教育生活数学课程标准（2016年版）》中"综合与实践"内容设置的目的在于培养学生综合运用有关的知识与方法解决日常生活的简单问题，培养学生的问题意识、应用意识，积累学生的数学活动经验，提高学生解决现实生活问题的能力。"统计"部分要求培养学生收集、整理和描述数据的能力，能从数据中提取信息并进行简单的推断。

"掷一掷"是一节数学实践活动课，其设计旨在让学生积极参与统计过程，分析实验采集的数据，合理推理与解释数据分析的结果，并经历猜想、实验、验证、得出结论的过程。通过这个过程，学生能够发展数据意识，提高数据分析能力，在玩乐的过程中获得数学知识，提升数学素养。

二、教学对象分析

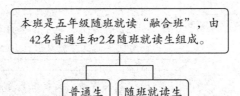

本班是五年级随班就读"融合班"，由42名普通生和2名随班就读生组成。

普通生　随班就读生

本班普通学生已经具备了一定的生活经验和统计知识，对现实生活中的确定现象和不确定现象已经有了了解，并有一定的简单分析能力和判断能力。其中张××与特殊学生衣××关系较好；李××与特殊学生肖××关系较好。

衣××，2012年5月出生，12岁；注意力分散，多动，经常情绪不稳定。

肖××，2013年7月出生，11岁；注意力分散，多动，经常情绪不稳定，易激怒，挫败感强。

本学期，两人在数学课上经常注意力不集中，容易开小差，影响他人上课，听课效率低，难以完成课堂任务和家庭作业，成绩不佳。而且与同学关系紧张，因此安排衣××与朋友张××组成合作小组、肖××与朋友李××组成合作小组。

附图1　教学对象分析

下篇　慢教育　融发展的实施探索

三、教学目标分析

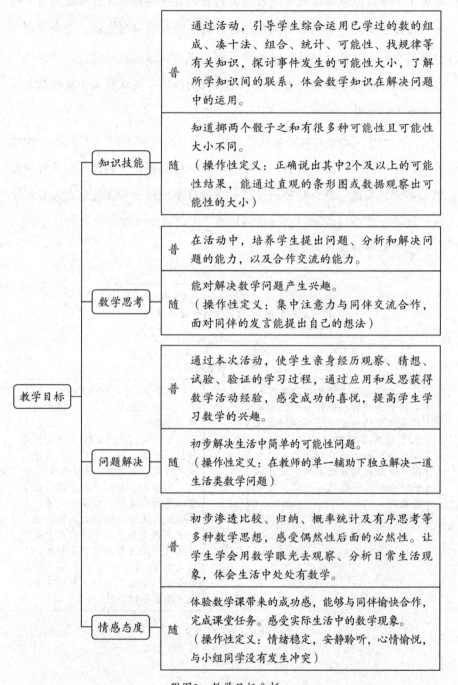

教学目标

知识技能

普 | 通过活动，引导学生综合运用已学过的数的组成、凑十法、组合、统计、可能性、找规律等有关知识，探讨事件发生的可能性大小，了解所学知识间的联系，体会数学知识在解决问题中的运用。

随 | 知道掷两个骰子之和有很多种可能性且可能性大小不同。
（操作性定义：正确说出其中2个及以上的可能性结果，能通过直观的条形图或数据观察出可能性的大小）

数学思考

普 | 在活动中，培养学生提出问题、分析和解决问题的能力，以及合作交流的能力。

随 | 能对解决数学问题产生兴趣。
（操作性定义：集中注意力与同伴交流合作，面对同伴的发言能提出自己的想法）

问题解决

普 | 通过本次活动，使学生亲身经历观察、猜想、试验、验证的学习过程，通过应用和反思获得数学活动经验，感受成功的喜悦，提高学生学习数学的兴趣。

随 | 初步解决生活中简单的可能性问题。
（操作性定义：在教师的单一辅助下独立解决一道生活类数学问题）

情感态度

普 | 初步渗透比较、归纳、概率统计及有序思考等多种数学思想，感受偶然性后面的必然性。让学生学会用数学眼光去观察、分析日常生活现象，体会生活中处处有数学。

随 | 体验数学课带来的成功感，能够与同伴愉快合作，完成课堂任务。感受实际生活中的数学现象。
（操作性定义：情绪稳定，安静聆听，心情愉悦，与小组同学没有发生冲突）

附图2　教学目标分析

四、教学重难点

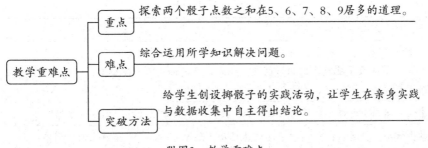

教学重难点
- 重点：探索两个骰子点数之和在5、6、7、8、9居多的道理。
- 难点：综合运用所学知识解决问题。
- 突破方法：给学生创设掷骰子的实践活动，让学生在亲身实践与数据收集中自主得出结论。

附图3　教学重难点

五、融合课堂教学方法

游戏教学法：创设情境，让学生在"玩"中获得数学知识，在"学"中感受数学的趣味。

合作教学法：通过小组合作、实践操作的形式，探索知识。

差异教学法：异质分组，每四人一组，共11组。

六、教学资源准备

骰子、游戏记录表、彩笔、统计图、学习单。

七、教学流程

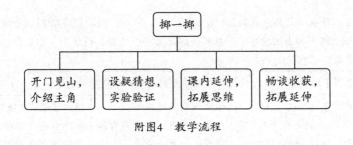

掷一掷
- 开门见山，介绍主角
- 设疑猜想，实验验证
- 课内延伸，拓展思维
- 畅谈收获，拓展延伸

附图4　教学流程

八、随班就读学生课堂调控策略

针对随班就读学生注意力持续时间较短，情绪不稳等特点，为随班就读学生设置"个人代币制"的调控策略，在桌面设置代币板，当随班生出现正向行为时，及时给予代币进行强化。（课后随班就读学生可用代币兑换奖品）

九、教学过程

附表1　教学过程

一、开门见山，介绍主角
1. 创设情境，表示疑惑，寻求帮忙：这样的抽奖你们愿意参加吗？ 2. 这一节课骰子就是我们的好朋友，今天就让我们来掷一掷骰子，一起探究骰子里面还有哪些数学知识。（板书课题）
【设计意图】通过抽奖活动设疑开场，提高学生的学习兴趣，调动学习积极性。

学生活动（普通）：	学生活动（随班）：	随班生教学调整：
学生举手回答，通过前面学习过"可能性"的相关知识和已有的生活经验，回答"不会参加这样的活动"，并说出理由。	1. 安静坐在位置上，集中注意力聆听。 2. 能回答出"不会参加。"	教师引导：掷两枚骰子，骰子上的点数之和不可能是1，所以不可能奖励10元，你会愿意参加吗？
	随班就读学生评估调整： 学生安静坐在位置上，说出"不会"这个词，即达到目标。	

二、设疑猜想，实验验证
（一）问题情境，螺旋上升 1. 一起掷两枚骰子，得到两个数，它们的和可能有哪些？ 2. 确定范围：最小的和是几？不可能是1；最大的和是几？不可能大于12。 3. 展示例子（2+5），询问点数之和还可能出现哪些情况：介于2~12，11种情况。 4. 分组——猜想。 师：把这11种点数之和分成两组，6个数2、3、4、10、11、12为A组；5个数5、6、7、8、9为B组，掷出的数字之和在哪一组就算哪一组赢，同学们，你们会选哪一组呢？为什么？
【设计意图】以故事引出游戏规则，让学生对游戏结果进行猜想。

学生活动（普通）：	学生活动（随班）：	随班就读学生教学调整：
1. 骰子上的点数最小是1，有两枚骰子，所以和是1+1=2，掷出的最小的两个数的和是2而不可能是1；骰子上的点数最大是6，有两枚骰子，所以和是6+6=12，掷出的最大的两个数的和最大是12而不可能超过12。	1. 降低难度，学生只需知道最小的和是几。 2. 回答出其中2种情况。 3. 说出选择哪一组。	教师引导：骰子上面最小的数字是几呢？那两个骰子上最小的数字加在一起等于多少呢？ 老师引导：最小的和是2，最大的和是12，还有哪些情况呢？

二、设疑猜想，实验验证		
2. 会出现2，3，4，5，6，7，8，9，10，11，12共11种情况。 3. 说出选择的理由。		教师引导：你选择A组还是B组呢？
	随班就读学生评估调整： 1. 学生说出最小的和是2，即达到目标。 2. 从2~12任意说出2种情况，即达到目标。 3. 发出"A"或"B"这个音，即达到目标。	

（二）小组合作，共同验证

1. 知悉规则

实验规则：四人为一小组。

（1）1、2号同学：两人轮流，负责同时掷两枚骰子各10次，并算出骰子点数之和。

（2）3号同学：用"正"字记录两组赢的次数，完成下表。

游戏双方	赢的次数
A组（2、3、4、10、11、12）	
B组（5、6、7、8、9）	

（3）4号同学：掷出的和是多少就在对应的数字上面涂一格，A组用蓝色，B组用红色，完成下表。

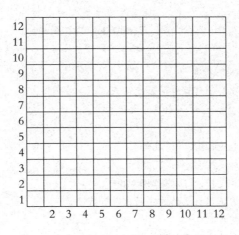

2. 小组实验活动

3. 分析结果

（1）呈现实验结果。

（2）分析统计表：你看到了什么？

二、设疑猜想，实验验证

【设计意图】小组内合作游戏，让学生对结果进行统计，通过分析B组总是赢，这与前面猜想不符，从而产生认知冲突，为接下来深入研究提供可能。在这个环节中教师注意让学生看到：每次游戏的结果是不确定的，有可能是B组赢，也有可能是A组赢，但当游戏次数越来越多时，B组赢的次数比A组的次数多。

学生活动（普通）：	学生活动（随班）：	随班就读学生教学调整：
1. 全班齐读，知悉规则。 2. 两人轮流，负责同时掷两枚骰子各10次，并算出骰子点数之和。 3. 用"正"字记录两组赢的次数，完成表1。 4. 掷出的和是多少就在对应的数字上面涂一格，A组用蓝色，B组用红色，完成表2。 5. 根据统计表，说出感受并分析结果。	1. 集中注意力跟读规则。 2. 负责掷骰子。 3. 同伴支持，填写部分记录表。 4. 对于统计结果，能说出与表格数据相关答案或简短地说出自己的想法。	使用"个人代币制"的调控策略，学生全程认真跟读实验规则。 教师示范"掷骰子"的方法，学生模仿。 在组员协助下，填写好记录表中的部分内容，不抗拒，情绪平和。 教师提问：实验结果是否与你猜想的一样？
	随班就读学生评估调整： 在跟读规则的过程中，能集中注意力，端正坐好，不走动，即达到目标。 学生能愉快、投入参与到实验活动中，即达到目标。 正确填写记录表部分数据内容，不抗拒组员的帮助，情绪平和，即达到目标。 学生回答说出"不一样"，即达到目标。	

（三）启疑养智，探寻本质

1. 提出质疑：为什么会出现这样的情况？

师：为什么和是5、6、7、8、9出现的次数多？

2. 学生举例分析。

师：两枚骰子掷出和是2有几种情况呢？

师：两枚骰子掷出和是3有几种情况呢？

师：两枚骰子掷出和是10，可以是1+9=10吗？

3. 学生自由发挥，尝试用自己的方法列出所有情况

4. 学生分享自己的发现。

5. 教师分享多种列表法分析两枚骰子可能出现的数字和。

6. 根据表格数据，列出同时掷出两枚骰子所得的两个数字之和的所有情况及情况种数。

和	2	3	4	5	6	7	8	9	10	11	12
组数											

二、设疑猜想，实验验证

【设计意图】小组开展游戏，组员合作分工，用自己喜欢的统计方法来记录数据，观察交流发现：掷出的和在中间位置的可能性比较大，而在两端的可能性比较小，进一步验证上面统计的结果，与教师游戏结果一致。

学生活动（普通）：	学生活动（随班）：	随班就读学生教学调整：
1. 学生举例分析两个骰子掷出和是2~12的所有情况。 2. 学生自由发挥，尝试用自己的方法列出所有情况。 3. 学生熟练完整地分享自己的发现。 4. 根据表格数据，列出同时掷出两枚骰子所得的两个数字之和的所有情况及情况种数。	1. 说出两枚骰子掷出和是2有几种情况。 2. 能列出其中几种和的情况，不需要全部列举。 3. 根据自己的发现，说出"关键词"。 4. 共12种情况能正确说出其中3种。	1. 教师直接拿骰子在学生面前展示，引导观察，并提问：请你看看骰子最小的数字是几？两个1相加等于几？ 2. 教师在学生的练习本上指定位置，引导写出几种和的情况。 3. 教师指着和是"5、6、7、8、9"的位置，在随班就读学生面前停留，慢慢说：出现的情况组数比其他数的和多。 4. 教师指着课件和是"7"情况的位置，与随班就读学生一起数"1、2、3……"数到6，提问：和是7的组数共有几组？

随班生评估调整：
1. 学生回答数字是"1"，即达到目标。
2. 学生在练习本上写出"2=1+1""12=6+6"，即达到目标。
3. 说出关键词"多"这个音，即达到目标。
4. 跟着教师一起数数，说出"6"这个数字，即达到目标。

（四）理论验证，揭示奥秘

教师提问，学生回答。
1. 掷出两枚骰子的数字和可能出现的情况种数一共有几种？
2. 出现次数最多的数字和是几？然后依次是几？
3. 出现次数最少的数字和是几？

二、设疑猜想，实验验证

4. 出现数字和是5、6、7、8、9（B组）的情况共有几种？

5. 出现数字和是2、3、4、10、11、12（A组）的情况共有几种？

（五）回归疑惑，是否参加抽奖

学生根据验证的结论说出理由。

【设计意图】通过学生亲自操作、比较、验证、得出结论，提高了学生的学习积极性。同时，培养了学生的动手操作能力及通过分析数据得到结论的能力。理论验证，进一步探究奥秘。得出结论：和的组成方法与和的出现可能性的大小有直接的关系。

学生活动（普通）：	学生活动（随班）：	随班就读学生教学调整：
1. 学生回答掷出两枚骰子的数字和可能出现的情况种数一共有几种？	1. 能复述正确答案。 2. 能根据验证结论判断说出"不参加"。	教师语速放慢，嘴型突出，重复读3次，学生跟读复述。
2. 学生回答出现次数最多的数字和是几？然后依次是几？ 3. 学生回答出现次数最少的数字和是几？ 4. 学生回答出现数字和是5、6、7、8、9（B组）的情况共有几种，出现数字和是2、3、4、10、11、12（A组）的情况共有几种？		教师引导：刚才我们通过实验验证得出结论，知道了掷两枚骰子上的点数之和是2和12的可能性是最小的，你还愿意参加吗？
	随班生评估调整： 1. 学生能复述出正确答案，表达清晰，即达到目标。 2. 学生说出"不会"，即达到目标。	
5. 学生能根据验证的结论做出判断并说出理由。		

三、课内延伸，拓展思维

1. 选一选

北山超市举办店庆活动：顾客掷两枚骰子，根据两枚骰子的点数和决定奖品金额。

（1）如果你是超市总经理，你会采取哪种方案？为什么？

（2）如果你是顾客，你希望超市选择哪种方案？为什么？

总结：角度不同，选择则不同。这个规则是为谁制定的，就要从谁的角度考虑、设计游戏规则。

2. 写一写

小明和小红也玩同时掷两枚骰子的游戏，掷出来的点数之和是单数算小明赢，点数之和是双数算小红赢，这个游戏公平吗？为什么？

【设计意图】设置抽奖活动的问题，让学生利用所知识自主探索现实生活中的问题，提高学生运用可能性的知识解决实际问题的能力。并提醒学生此类抽奖活动的"陷阱"，谨慎参与。

三、课内延伸，拓展思维		
学生活动（普通）： 1. 学生完成"选一选"的两道题目并根据所学说出理由。 2. 小组内讨论游戏是否公平并说明理由。	学生活动（随班）： 1. 在教师的辅助下只需完成一道题目。 2. 能集中注意力思考题目。	随班就读学生教学调整： 1. 教师引导：作为超市总经理不希望顾客抽到金额多的情况，所以会选择可能性大、金额少的方案。方案A可能性小、金额大；方案B可能性大、金额少。你觉得选择方案A还是方案B吗？ 2. 教师鼓励，示意组员帮忙提醒。
	随班生评估调整： 1. 学生能说出"B"这个音，即达到目标。 2. 学生安静坐在座位，不抗拒组员的提醒，注意力集中，即达到目标。	

四、畅谈收获，拓展延伸

回顾一下，这节课我们研究了什么问题？你有什么收获？

（1）同时掷两枚骰子，谁赢的可能性大不能只看表面的数据，要看点数和背后的组数情况，谁组数的情况多，谁获胜的可能性就大。

（2）可能性问题在生活中经常会遇到，如掷骰子游戏、彩票号码、抽签游戏等，我们要仔细观察、勤于思考，要把学到的数学知识应用到生活中去，体会生活中处处有数学的乐趣。

（3）我们要擦亮眼睛，识别一些抽奖骗局，谨防被骗。（在教师的补充引导下能说出本节课所学知识。）

【设计意图】通过总结汇报形式，再次让学生体会事件发生的可能性。

学生活动（普通）： 1. 学生谈谈本节课研究的数学问题。 2. 学生交流本节课的收获。	学生活动（随班）： 学生能说出"可能性大小""组合问题""掷骰子大小"。	随班就读学生教学调整： 在课件出示"可能性大小""组合问题"词语，教师指着，轻敲，稍作提示，学生复述。
	学生说出"可能性""组合""骰子"等词语，即达成目标。	

十、板书设计

掷一掷

不可能   1   大于12

可能

和	2	3	4	5	6	7	8	9	10	11	12
组数	1	2	3	4	5	6	5	4	3	2	1

A组 2、3、4、10、11、12   12次   可能性小

B组 5、6、7、8、9   24次   可能性大

资源教室《注意力训练课程》
实施指南与教学案例

佛山市南海区桂城街道桂江第三小学　陈文威

一、课程性质

资源教室《注意力训练课程》（以下简称"本课程"）是佛山市南海区桂城街道桂江第三小学资源教室开设的一门缺陷补偿课程。本课程以提高学生注意的品质为目标。课程具有实践性、综合性、针对性和活动性。

二、适用对象

本课程适用于设有特教班、资源班的融合小学或者设有随班就读的融合学校。教学对象主要为注意力分散的普通班学生和特殊学生。

三、课程基本理念

注意力训练课程是活动课程，在训练教学中包括很多行为训练内容，学生在训练的过程中加强对自我注意力的控制。本课程也向学生讲授注意力的重要性，教授注意力训练的方法，注重培养学生积极性，影响学生对自身注意力的态度，让学生分享体验和感悟。

四、课程设计思路

注意力训练课程是行为取向的教学模式。本课程根据注意力的特征以及学生的注意力发展状况进行设计，采用中小学心理健康教育课程的教学模式。课程内容包括多种注意力训练活动，结合认知过程、行为训练的角度，是提高学生注意力稳定性、注意力广度、注意力转移、注意力分配四大注意品质的课程。

五、教学目标与内容

表1　上学期注意力训练课程计划与目标设计

注意品质	主题	训练方法	目标
注意力稳定性	《反话大挑战》	将听到的数字倒着说出	提高注意力的持续性
注意力广度	《数字排序》	记忆数字，并排序	提高注意力的范围
注意力转移	《数字译码》	变换记忆填写数字	提高注意力的转移
注意力分配	《水果蔬菜拍手》	听到水果/蔬菜拍手	提高注意力的分配

表2　下学期注意力训练课程计划与目标设计

注意品质	主题	训练方法	目标
注意力稳定性	《注视物体》	注视物体	提高注意力的持续性
注意力广度	《找不同》	从众多卡片中找出指定卡片	提高注意力的范围
注意力转移	《猜一猜》	变换位置，找出有硬币的不透明瓶子	提高注意力的转移
注意力分配	《找倍数》	听到5的倍数拍手	提高注意力的分配

六、课程实施建议

（一）注重训练时间的科学性

注意力训练课程从小学生注意力发展特点出发，普通小学生一般正常注意力持续时间为20分钟左右。本课程是针对注意力不集中的学生，这类学生的专注力与耐性相对较差，教师在训练学生注意力时，应科学地安排训练内容的时间，降低对这类学生的要求，循序渐渐地延长训练时间，最终使其注意力达到一般学生水平。

（二）体现课程内容的多样性、趣味性

注意力训练课程注重学生参与形式的多样性，有行为表现、表达、表演等，课程内容的趣味性和组织活动形式的多样性会激发学生课堂参与的积极性。在课堂教学中必须坚持以学生为主体的教育观念，以实现学生的人生价值为目标，营造教学内容的多样性与趣味性，让学生在享受乐趣的同时提高自身的注意力。

（三）营造安静舒适的环境

学生身心处于发展阶段，对世界的任何事物充满好奇心，其注意力容易受到外界因素的干扰。因此，注意力训练课必须在安静、舒适且干扰因素少的环境中进行。教学者应尽可能地将课室中可能分散学生注意力的因素减少，最好将学生的视线范围缩小，以减少环境对学生注意力训练的干扰。

七、教学案例

表3　注意力训练《水果蔬菜拍拍手》教学设计

学校名称	南海区桂城街道桂江第三小学	执教教师	陈文威
授课内容	听到水果/蔬菜拍手	课程学时	2
教材版本	无	教学对象	注意力分散学生3人

一、教学目标的确定依据

1. 教学内容分析

《水果蔬菜拍拍手》是资源教师根据注意力训练文献资料，结合小学生注意力发展特点自编的教学内容。本课主要内容是教师朗读出有水果/蔬菜的词语，学生听到水果/蔬菜时立即拍手。

2. 学情分析

注意力不集中学生3人，403班1人（男），501班1人（男），203班1人（男）学生年龄在8~11岁，3人都有注意力分散情况，平时上课注意力不集中，容易走神。

二、教学目标

能够集中注意力迅速地作出拍手反应。

教学重难点：能够集中注意力正确且迅速地作出拍手反应。			
训练过程			
教学环节	教师活动	学生活动	设计意图
导入	说明本节课活动要求：听到水果/蔬菜请拍手。	熟悉本节课活动规则。	先说明本节课以游戏方式进行，可激发学生的好奇心，提高学习积极性。
我说你拍	水果拍手：按照一定的语速读出一系列词语，要求学生听到水果词语拍手一次。蔬菜拍手：按照一定的语速读出一系列词语，要求学生听到蔬菜词语拍手一次。语速变快，变换指定词语，要求学生听到指定词语后立即拍手。	集中注意力，按照要求拍手。	听动协调反应训练，让学生在有趣的游戏活动训练中提高专注力。
比一比	读出水果/蔬菜的词语，让学生听到水果/蔬菜词语拍手，学生之间互相比一比、看看谁的准确率更高	集中注意力，与同学比拼。	利用比赛的形式，提高学生参与的积极性。增加生生互动，师生互动，使课堂更生动有趣。
总结评价	回顾本节课学习内容。表扬课堂纪律好，注意力集中的学生。针对每个学生的表现进行评价，分析学生有待提高的方面，帮助学生发现自己的不足。布置作业：回家与家长进行水果蔬菜拍手游戏。	谈谈本节课的收获。	总结评价让学生加深记忆，了解自己的表现，互相分享收获。

资源教室《融合实践课程》
实施指南与教学案例

佛山市南海区桂城街道桂江第三小学　何惠如

《融合实践课程》（以下简称"本课程"）以融合学校为实施场所，让普通学生和特殊学生共同参与课程，并有所收获。本课程以培养普特学生（以下简称"学生"）简单的劳动技能为主，对学生进行劳动技能教育，让普特学生合作参与劳动活动，培养学生的劳动意识，形成热爱劳动的情感，掌握一定的劳动知识与技能，学会合作。

一、课程性质

融合实践课程，通过让普特学生共同参与，学生获得积极的劳动体验，形成良好的劳动意识和劳动习惯，提高社会适应能力和沟通合作能力。课程具有实践性、综合性、开放性和活动性。

二、适用对象

本课程适用于设有特教班、资源班的融合小学或者设有随班就读学生的融合学校。教学对象主要是低年龄段的普通学生和特殊学生。

下篇　慢教育　融发展的实施探索

三、课程基本理念

融合实践课程坚持育人为本，培养学生劳动技能，提高劳动素质，锻炼意志品质，培养合作和沟通能力，促进身心健康，增强生活能力。本课程的设计与实施遵循以下理念：遵循劳动课程标准，通用设计与全方位支持，突出普特学生的合作，突出劳动实践体验。

四、课程设计思路

《融合实践课程》是融合学校开设的选择性课程。本课程选择《义务教育劳动课程标准》与《培智学校义务教育劳动技能课程标准》中相同或相近的部分做为培养目标，结合项目式学习设计本课程的内容与目标。

本课程设置日常生活劳动、简单生产劳动和服务性劳动三个类别的内容。以义务教育劳动课程低年段和特殊学校义务教育劳动技能课程的内容为基础，设计教学内容。以劳动任务群为基本单元，以劳动实践项目为载体实施课程。

五、教学目标与内容

表1 上学期融合实践课程计划与目标设计

劳动领域	任务群	内容	目标
日常生活劳动	烹饪与营养	冲泡食品	冲泡豆浆；冲泡麦片
		泡面	用开水泡泡面
	整理与收纳	整理生活用品	整理玩具；整理图书
简单生产劳动	工艺制作	使用打孔器	使用打孔器打孔
		制作活页本	使用工具制作活页本
	农业生产劳动	种大蒜	使用工具种植大蒜
		修剪花枝	实用工具修剪花枝

表2 下学期融合劳动课程计划与目标设计

劳动领域	任务群	内容	目标
日常生活劳动	清洁与卫生	洗涤餐具	用洗涤剂清洗碗碟；用洗涤剂清洗锅具
		洗涤小件衣物	用洗涤剂清洗红领巾、小毛巾
	烹饪与营养	制作水果沙拉	清洗蔬果、削皮；制作水果沙拉
		冲泡饮品	用茶具泡茶；制作奶茶
简单生产劳动	工艺制作	使用办公用品	使用订书机装订
	农业生产	培育豆芽	用绿豆培育豆芽
服务性劳动	公益劳动与志愿服务	浇花	给花坛中的花浇水
		打扫教室	按顺序打扫教室地面

六、课程实施建议

（一）教学建议

1. 注重心理融合

融合实践课程的实施对象是由不同班级的普通学生和特殊学生再组而成的融合班级。学生的差异可能造成其群体心理隔阂，因此在实施融合实践课的技能学习部分，需要帮助普特学生建立良好的关系，促进心理融合。在组成新班级时，让学生进行自我介绍，自主组成小组。组内合作游戏，小组间竞赛等游戏活动，能够让普特学生心理融合。

2. 以项目实践促进合作

融合实践课程实施目标是以劳动促进合作和沟通，提高劳动能力。课程以项目为载体，以操作过程为重点，设计实践、探究等活动，学生小组内分工合作，达成项目目标。教师应该促进学生之间的合作学习，让学生在与同伴相互交流的过程中培养尊重、分享、对话、协商、合作的思维方式和行为方式。例如，学生一起制作水果沙拉时，每人负责处理一种水果，分工合作，从中认识合理分工的重要性，各展所长并互相学习，提高合作意识和能力。

3. 教学设计注重学习通用

融合实践课程的授课对象（普通学生和中轻度特殊学生）在心理和身体发育等各方面差异较大，其学习能力与优势学习通道差异明显。教师在教学设计之初，应充分了解学生的特殊需要，设计多样化的信息呈现方式、多样化的行为和表达方式以及多样化的参与方式，为学生提供全方位支持，降低学生学习的障碍。

（二）评价与建议

1. 无歧视的评价

应该使所有学生都积极主动地参与到评估中来，并且尽可能真实地检测学生的学习状况。全方位地对学生各方面的学习表现进行综合性的评价，包括学习态度、学习能力和方法、学习过程和学习结果。

2. 嵌入式评价与动态评价相结合

即将评价与评估内置于平时的学习中，而不是采取总结性的评价方式，这样能减少学生的焦虑和恐惧情绪，促进学生积极地参与到评价中，并表现出最真实的能力。

七、教学案例

表3 融合实践《制作小画册》教学设计

学校名称	南海区桂城街道桂江第三小学	执教教师	何惠如
授课内容	制作小画册	课程学时	2
教材版本	无	教学对象	融合小组共（9人）
一、教学目标的确定依据			
1.教学内容分析 《制作小画册》是《培智学校义务劳动技能课程标准》，中年段简单生产劳动主题中使用简单的办公用品的内容。使用简单办公用品主题的内容包括使用长尾夹、订书机、打孔器、回形针等。本课主要内容使用打孔器和圆环，固定位置打孔并把多张画纸圆环连起来，最后完成画册制作。			

2.学情分析

融合小组共9人，304班学生6人（3男、3女），阳光1班学生3人（2男、1女），学生年龄在8～10岁。304班学生能力正常，沟通和动手能力良好，能够在合作中协助同学参与课堂活动。阳光1班学生的沟通和动手能力较弱，在使用办公用具时需要一定的肢体辅助和语言提示。

先备能力：学生已经学会使用订书机和长尾夹，能够在视觉提示下对准线钉钉。

二、教学目标

1.能够使用打孔器在纸的固定位置上打孔。

2.能够用装订环把打了孔的纸穿起来。

3.能够给多张画纸钉孔并用装订环穿成画册。

三、教学重难点

能够使用打孔器在纸的固定位置上打孔。

学习过程			
教学环节	教师活动	学生活动	设计意图
情景导入	1.情境导入 创设学生玩画册的情景，猜猜他们在做什么？问想要自己的小画册吗？ 2.引出课题 今天我们一起制作小画册吧！	进入情境，说出他们在玩画册。 齐读课题。	学生身边的日常情景，吸引学生的学习兴趣。
新知学习	介绍制作画册所需的工具。 展示打孔器、装订环及其部件： （1）打孔器：手柄、钉孔、纸屑收集器。 （2）装订环：卡口、活动接口。 介绍打孔器的作用和使用方法 介绍装订环的作用和使用方法 难度不同匹配小游戏练习：工具的作用是什么？	观察打孔器和圆环和各个部件的位置，说一说工具的名称。 尝试使用打孔器在废纸上打孔。（每人尝试一次） 尝试用装订环穿孔。 每小组1～2人参与匹配游戏。	详细清晰的工具结构讲解，能够让学生更加直观地认识工具及其使用方法。 通用的学习设计让普通学生和特殊学生在接受新知时都无障碍。

下篇　慢教育　融发展的实施探索

慢教育 融发展
——小学普特融合支持系统构建之桂城模式

学习过程			
教学环节	教师活动	学生活动	设计意图
小组合作制作画册	以小组为单位，分发制作画册的基础工具：一个打孔器，三个装订环，三份画册纸。 注意事项讲解：每人一份画册（共5页纸），请大家按照画册的标点打孔，并穿成册。要合作完成。	小组合作制作画册，小组长安排顺序，教导操作不熟悉的同学，互相帮助。	项目式学习，合作完成制作画册，以学生动手为主，让学生成为课堂的主人。能力强的学生作为小老师教导小组的同学。
总结评价	展示各个小组制作的画册。 表扬合作制作过程中优秀学生。表现：气氛和谐，互相帮助，耐心等待，认真完成。 回顾本课所学内容，欣赏制作成果。 布置作业：回家尝试自己制作小册子。	1. 指认自己小组的画册。 2. 说一说。	总结评价让学生加深记忆，展示交流能够总结优秀经验，越做越好。

资源教室《沟通与社交课程》
实施指南与教学案例

佛山市南海区桂城街道桂江第三小学　李丽生

社交发展障碍学生不擅于通过日常社交活动学习社交行为，更不理解别人的表情和举动。自闭症、情绪行为障碍、智力障碍等学生都会伴随着不同程度的社交发展障碍，特别是自闭症学生。故此，教师必须有系统地训练社交发展障碍学生的社交技巧，及早帮助他们认识和遵守社交常规，让他们学会与人沟通、交流，发展恰当的人际关系，融入社群，适应社会环境。

一、课程性质

普通学校资源教室《沟通与社交课程》是一门帮助普通学校特殊学生学会沟通、乐于社交、善于合作的选择性课程。本课程遵循学生语言沟通和社会交往两大领域的发展规律，旨在培养特殊学生语言理解和表达、社交技巧和礼仪的能力，使之能和身边的人准确地表达、恰当地互动、有效地合作。

课程具有生活性、实践性和开放性。

二、适用对象

普通学校各类有沟通和社交困难的特殊学生，如孤独症学生、认知和语言发展落后的智力障碍学生，冲动型的注意力缺陷、多动障碍学生，情绪行为障碍学生以及性格内向、自卑等原因而导致人际交往不良的学生。

本方案实验对象的具体能力描述如下：

（1）社交前基本能力：能使用口语和非口语进行沟通。

（2）社交技巧：能进行简单对话和交谈，但没办法深入交流和维持谈话；能简单互动，但很难合作完成任务或玩游戏等维持互动。

（3）社交礼仪：能打招呼、告别、自我介绍、感谢、抱歉和称赞，但很少有情景表达感谢、抱歉和称赞。

（4）语言理解：能理解名称和动作指令，形容词和关系理解有困难；

（5）语言表达：能表达要求和回答问题，能说短语和句子；能简单提问和复述句子，但很难主动提问和回答"为什么"，很难复述故事；能简单描述发生的事情，但不够清晰和全面。

三、课程理念

（一）关系为本，学生中心

和学生建立温暖、健康和接纳的互动关系；建立良好的社交沟通环境，提升孩子的社交沟通意愿；以学生为中心，以社交为核心，扩展引导孩子动机和兴趣；充分发挥孩子的主观能动性，巧妙提升孩子的社交技巧和自我管理能力。

（二）遵循学生发展的规律，科学制定目标和内容

"以评定教"。本课程的教学目标和教学内容的设计均依据学生的评估结果而定。我们通过《发展性评估》工具中的"语言和沟通""社交"两个领域的评估内容对学生的沟通和社交能力进行全面评估，了解学生每

个维度的能力起点，从中总结出普通学校中特殊学生的沟通和社交存在的问题，以此设计教学目标和内容。

（三）关注学生生活实际，帮助学生融入社会

本课程立足于学生生活实际，将语言理解、语言表达、社交技巧、社交礼仪、社交界限等内容进行有机整合，帮助学生处理好与他人的关系，促进其适应校园生活，为以后融入社会奠定坚实的基础。

（四）创设真实情景，注重迁移和泛化

课堂中，创设真实的社交情景，学生在真实情景中训练沟通和社交技能；在日常的校园生活社交情景中，教师引导学生运用课程中的沟通社交技能。

四、课程设计思路

本课程依托《发展性评估》工具中的"语言和沟通""社交"两个领域的评估内容，结合普通学校特殊学生的沟通和社交方面所存在的问题，制定了课程五大维度目标，包括：语言理解、语言表达、社交礼仪、社交技巧和社交界限。

各维度目标由对应的子目标构成，各子目标通过对应课程内容来实现。同时，不同维度或不同子目标适用的教学方法又各有不同。因此在子目标和内容后面我们也提供了教学方法的建议。

五、课程目标、内容和方法

课程总目标：《沟通与社交课程》旨在帮助学生学会沟通、乐于社交、善于合作。通过课程学习，学生掌握理解和表达的能力，学会建立和维持与人的关系，提高社会交往能力，适应校园的社交情景、融入社会。

表1 课程总目标

维度	子目标	内容	教学方法
一、语言理解	理解动作指令	环境物体词汇	行为训练法
		功能性物品词汇	
		地点词汇	
		单一指令	
		复合指令	
		集体指令	
	理解抽象指令	代词（你我他，你的我的他的）	直观教学法
		情绪词汇	
		属性	
		类别	
		物品功能词汇	
	理解事物间关系	理解整体与部分关系	
		理解所属关系	
		理解条件关系	
		理解因果关系	
		理解转折关系	
二、语言表达	表达要求及回答问题	表达想要某样物品	角色情景练习
		表达想做某个活动	
		表达自己的情绪	
		表达身体的感受（冷热痛）	
		表达不想做某件事情	
		回答"是什么"的问题	
		回答"谁"的问题	
		回答"是/不是"的问题	
	主动提问	主动表达特殊问题：这是饼干吗？我能吃吗？	
		主动表达原因的问句"为什么"	
	复述	复述1~2个句子	绘本教学：绘本《我的幸运一天》绘本《小猪变形记》
		利用"六何法"复述故事概况	
		复述完整的故事	

维度	子目标	内容	教学方法
二、语言表达	主动描述	描述事情的关键信息	绘本《内裤怪》、绘本《猫头鹰喔喔呼》、绘本《蔬菜的秘密》、绘本《我绝对绝对不吃番茄》
		描述正在发生的事情	
		描述已经发生过的事情	
三、社交礼仪		打招呼	角色情景练习
		自我介绍	
		告别	
		表示感谢	
		表示抱歉	
		表示称赞	
四、社交技巧	简单交谈	学校对话	社交情景练习 角色扮演
		家庭对话	
		社区对话	
	维持谈话	根据他人的话语进行提问	
		接着他人的话语继续表达想法	
	学会分享	分享用品	社交故事
		分享玩具	
		分享食物	
	游戏与合作	理解和遵守游戏规则	社交游戏：互动小游戏：《飞行棋》《剪刀石头布》；绘本和游戏：《呀！沙包！》；绘本和游戏：《飞天口香糖》；绘本和游戏：《跳房子》；音乐游戏：《集体指令》《开始与停止》《听音乐开火车》
		积极参与游戏与他人互动	
		在游戏中合作	
		感受互动的快乐	
		在生活情景中迁移运用游戏活动与他人互动	
五、社交界限	认识和保护自己的身体	认识隐私部位及行为规范	体验式教学法
		保护自己：我的身体我做主	

下篇　慢教育　融发展的实施探索

维度	子目标	内容	教学方法
五、社交界限	区分隐私和公共	认识隐私行为及其规范	体验式教学法
		认识隐私场所和公共场所	
	与他人保持社交的界限	我的社交圈	

六、课程实施建议

（一）教学组织

小组课，学生3~6人。每周1~2课时。每课时40分钟。

（二）采取多样化的教学形式，注重实践与操作

教学形式要服从于内容，符合学生的生活经验、个性特征、学习方式等，注重实践与操作，避免脱离实际和形式主义。教师可根据目标、内容、条件、资源、学生需要等，因地制宜地选择教学形式。如：行为训练法、直观教学法、游戏教学法、绘本教学、社交情景练习、角色扮演、体验式教学法等，创设适宜的学习情境，帮助学生获得体验与感悟，发展其解决生活实际问题的能力。

（三）多元开放，客观全面地评价

本课程以课程目标和课程内容为基本依据，坚持多元、开放、整体的评价观，旨在激励每个学生的发展，促进其沟通和社交能力的提高。

课程评价采取诊断性评价、形成性评价和总结性评价相结合：在课前使用评估工具对学生沟通和社交能力进行诊断性评价；在每节课实施的过程中实施形成性评价，通过学生自评和教师评两种形式对学生的课堂参与度、技能掌握度、技能的效果等进行评价；在学期末通过教师评和家长评两种方式进行总结性评价。

附：教学案例

附表1 《不害羞，勇敢地说》教学设计

学科	沟通与社交	课题	不害羞，勇敢地说	课时	第一课时
学情分析	陈××，男，9岁。语言障碍学生，智力稍微落后于同龄学生。 黄××，男，9岁。中度智力落后学生。 两位学生都是语言和沟通能力落后，会话技能比较差，其中理解能力表达能力最弱，能理解指令和基本的提问，但不能理解文段、通知、新闻和故事，很难复述听到、看到的事件，不懂得表达自己的感受和想法。				
学习目标	初步了解"故事六何法"，能说出有哪六个方面。 能分辨"六何法"，能在教师的辅助下找到故事的关键信息。 在社交情景中，愿意用口语表达自己的感受和想法。				
教学方法	示范朗读法、问答法、"六何法"、体验法。				
教学准备	课件、绘本、万象组合。				
故事内容	《不害羞，勇敢地说》 下午，小动物们正在树林里玩儿捉迷藏："大家都藏好喽，我要开始找了！" "哈哈，树后面甩出一条长鼻子，我看到啦！" "嘻嘻，石头旁边露出一只小红鞋，你跑不掉喽！" "我好想和大家一起玩儿哦！"小白兔羡慕地想。 "小白兔，怎么不去和大家一起玩？"熊奶奶问。 "我……我不知道怎么开口跟大家说话。"小白兔害羞地低下了头。 "我有一粒神奇的种子，你放在衣袋里，就会变得勇敢啦！" "啊，真的吗？太好了！" 小白兔把"神奇的种子"放进衣袋里，然后朝小动物们走去。 "我……"小白兔害羞极了。这时她用手摸了摸那粒神奇的种子。 "神奇的种子会让我变得勇敢！"小白兔心想。 "我想和你们一起玩捉迷藏，好吗？"啊，小白兔终于勇敢地说出来了。 "好啊，太好了！"小动物们高兴地拉着小白兔的手。 小白兔和大家玩得真开心啊！找找看，她藏到哪儿去了呢？ 天快黑了，小动物们准备回家了，他们约好了明天还一起玩捉迷藏。				

下篇　慢教育　融发展的实施探索

教学过程	
教师活动	学生活动
导入：今天我和同学们一起看一本绘本，它叫作——《不害羞，勇敢地说》 问：树林里很多小动物在玩捉迷藏，你想玩吗？ 问：小白兔也很想一起玩，她要怎么说呢？	答：我想玩/想。 答：我想玩。
示范朗读：结合图文把整个绘本故事读一遍。	看绘本，听朗读
问：这个故事说了什么？（检测学生的理解能力）	说出故事的内容。（学生会答：不会说或只能说出碎片化的信息）
介绍"故事六何法" "你想不想学习说这个故事？" "老师有一个好方法，我们一起来学。" "这是一张表，我们填完，看着表就会说故事啦！"	观察"故事六何法的"表，能说出六个方面的问题。
引导学生根据"何人"——"何时"——"何地"——"何事"——"为何"——"如何"的线索，逐一找出故事对应的信息。 1. 何人 6. 如何　2. 何时 发生事件 5. 为何　3. 何地 4. 何事	阅读故事，填写表格。
小结（根据六何法的信息概括故事内容） 问：谁？什么时候？在哪里？什么事？为什么？怎么样？ 说：小白兔下午在树林里想玩捉迷藏，但不知道怎么开口和大家说话，熊奶奶把一粒勇敢的种子交给小白兔，她勇敢地说："我想和你们一起玩捉迷藏。"最后，小白兔和小动物们玩得很开心！	回答六个问题，复述故事内容。

教学过程	
教师活动	学生活动
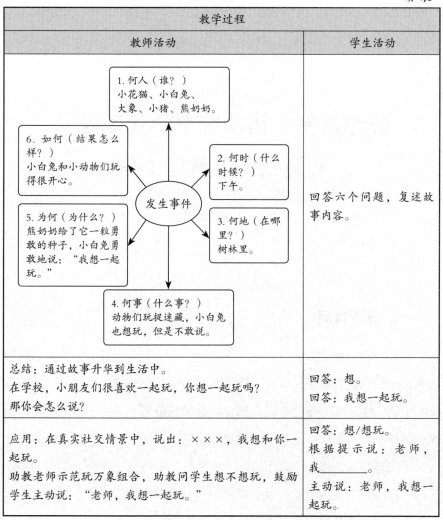	回答六个问题，复述故事内容。
总结：通过故事升华到生活中。 在学校，小朋友们很喜欢一起玩，你想一起玩吗？ 那你会怎么说？	回答：想。 回答：我想一起玩。
应用：在真实社交情景中，说出：×××，我想和你一起玩。 助教老师示范玩万象组合，助教问学生想不想玩，鼓励学生主动说："老师，我想一起玩。"	回答：想/想玩。 根据提示说：老师，我_____。 主动说：老师，我想一起玩。

资源教室《运动统整游戏课程》
实施指南与教学案例

佛山市南海区桂城街道桂江第三小学　何惠娥

一、课程性质

感觉统合是指脑对个体从视、听、触、本体、前庭等不同感觉通路输入的感觉信息进行选择、解释、联系和统整的神经心理过程，是个体进行日常生活、学习和工作的基础。感觉统合训练是指为提高个体感统能力，减少感统失调对个体生活、学习的负面影响而开展的有计划的训练活动。《运动统整游戏课程》（以下简称"本课程"）是以感觉统合练习为主要手段，以统整游戏为主要内容，以保护和增进学生身心健康、开发潜能、促进功能康复和补偿为主要目标的补充类课程。

二、适用对象

感觉统合训练作为儿童问题干预技术之一，虽可用于应对儿童发展的多方面问题，但仍然表现出领域的特异性，有其可为之处，亦有其不可为方面。本课程多适用于普通小学中随班就读有以下情况的特殊学生：

（1）感觉系统的某一或某几个方面存在异常，特别是感觉系统间配合差。

（2）感觉认知与动作及行为的协调性差。

（3）注意力缺陷，多动或冲动，执行能力较差。

（4）脑功能整体发育落后。

三、课程理念

（一）以儿童为本的理念

感觉统合训练立足于以人为本的思想，切实尊重儿童的发展规律，充分考虑儿童身心发展的多方面特点，理解、尊重并支持儿童的差异发展，突出儿童的主体地位，结合儿童的发展需要及发展能力设计训练方案，组织训练工作。

（二）针对性的理念

训练前需根据儿童伴随的问题，选择性地评估注意力、动作精细度和协调性、学业成绩、情绪控制、体质健康状况以及睡眠质量等，为指定有针对性的训练方案提供依据。在训练过程中，训练人员需密切关注儿童的精神状态、积极性、主动性以及操作完成的正确性等，并及时与儿童沟通，进行实时评估。在训练经历一定时间后，训练人员需要对儿童阶段性训练成绩及问题进行评估和反馈。

（三）兴趣性的理念

儿童的一切教育和训练活动都特别强调"兴趣"，兴趣是最好的老师。训练人员要耐心引导，让儿童逐步掌握各项技能，变被动训练为主动训练，提高儿童对技能的把握能力，体验训练的快乐。训练人员要密切关注儿童训练时完成操作的心理、行为状态，实时加以调整，确保儿童有较高的兴致进行每一次训练。

（四）快乐性的理念

在快乐中活动或活动带给人们快乐是人参与各种活动的本能趋向，儿童表现得尤为突出。首先要创造快乐的训练环境，其次设计快乐的训练项目，最后体验训练过程中的快乐。

（五）积极支持的理念

训练期间，训练人员及其他参与人员扮演的角色不是导演而是训练合作者；不是监工或督查者，而是支持者。儿童在被接纳、受重视、获得肯定的环境中才会释放自己的天性去尽情地感受事物。

（六）主动性的理念

训练活动能否持续并取得一定的成效，关键在于儿童参与训练是否具有主动性。训练的主动性是儿童对训练的内在需求，是基于对训练意义的认识、训练过程中的快乐体验以及成就感的积累而表现出来的"我要训练"的内在驱动力。

（七）渐进发展的理念

个体机能的成熟、功能的完善是一个阶段性的渐进发展过程。儿童感觉统合训练需遵循渐进性的发展原则，训练内容由单一领域的专项训练发展到多个领域的整合训练，逐步提高儿童各感觉通道之间的信息交流和统整，以及感觉与动作间的协调与反馈。

（八）成功的理念

获得成功是训练的目的，更是训练的动力。在训练中，成功表现为三个方面：成功完成训练项目、积累成功的经验和沉淀积极的心理体验。训练人员通过对环境设计、训练内容、训练方式、项目难度等训练因素的控制，确保每一次训练获得尽可能多的成功。

四、课程设计思路

在训练前，教师会对学生进行评估，利用感觉统合量表、舒尔特方格对学生进行感觉统合和注意力的测试。根据评估结果设计感觉统合训练项目，将项目加以修饰形成有趣的运动游戏，从而改善学生的感统问题。

本课程使用多种评价方式：

（1）定性评价和定量评价相结合，教师对学生使用评语和等级制评价相结合的方式进行评价。

（2）形成性评价和终结性评价相结合，在课堂中教师注意观察和记录学生的行为表现，用口头评价的方式及时对学生做出反馈。在期末时教师综合学生的情况给予指导，放入学生的成长记录档案。

五、课程目标和内容

表1　上学期《运动统整游戏》计划与目标设计

感觉统合	目标	内容
前庭觉	掌握前滚翻的技术动作	前滚翻
	提高协调能力	筒外走滚
	掌握滑行能力	卧滑滑梯
	提高平衡能力	倒走平衡木
本体觉	能够准确地判断球的位置	脚踢悬球
	能够准确地判断物品的位置	闭眼定位移物
	能够躲开障碍物	袋鼠跳障碍
触觉	刺激学生触觉	大笼球按压
		仰卧大笼球
		俯卧大笼球

表2　下学期《运动统整游戏》计划与目标设计

感觉统合	目标	内容
前庭觉	能够判断方向，到达目的地	手推车
	能够保持平衡，不让皇冠掉下来走到目的地	戴皇冠
	保持平衡，坚持1分钟不掉下来	单脚站平衡台
	维持协调并独立完成动作	人体不倒翁
本体觉	能够判断物体的位置并协调用力将物体搬运到相应的位置	蚂蚁搬家（跪走）
	能够判断自己身体的位置并做出正确的动作	燕子飞
	能够判断自己身体的位置并做出正确的动作	四脚爬
触觉	刺激学生触觉	大笼球按压
		仰卧大笼球
		俯卧大笼球

下篇　慢教育　融发展的实施探索

附表1　《感觉统合》训练方案

学校名称	南海区桂城街道桂江第三小学	执教教师	何惠娥
授课内容	前滚翻、青蛙跳	课程学时	1
教材版本	培智义务教育课程标准	教学对象	李同学、曲同学、肖同学、衣同学

一、教育目标的确定依据

1. 教学内容分析

身体滚动翻转是一种加速运动，以旋转的方式刺激学生的前庭器官，对学生的前庭觉训练很有帮助。青蛙跳可以锻炼学生的腹肌和腿部的肌力、肌张力、肌耐力，促进本体和前庭功能的发展，有利于学生身体的稳定性、姿势的控制、注意力和安坐能力提升。

2. 学情分析

本次课程主要针对随班就读的4位注意力缺陷多动障碍学生，分别是：李同学，普通班2年级的学生；曲同学，普通班3年级的学生；肖同学，普通班4年级的学生；衣同学，普通班4年级的学生。

4名学生的运动能力较好，基本的粗大动作都能够完成，但是衣同学的协调能力较差，动作给人的感觉会比较笨拙。在感统方面，4名学生的前庭觉都存在失调的现象，其中衣同学属于中度失调，其余3名同学属于轻度失调。

在学习能力方面，该4名同学都有一定的自学能力，观察力和模仿力较好，听觉理解能力尚可，但性格比较暴躁，注意力易分散。

在心理特点方面，该4名同学都有一定的自我表现欲望，但兴奋点较低，容易出现情绪波动，尤其是当训练任务有一定难度时，往往会表现出拒绝、放弃的态度。因此，需要教师及时疏导，并引导其参与教学活动。

二、教学目标

刺激学生的前庭觉，增强学生的协调性，改善学生多动的症状，提高学生的注意力。

三、教学重难点

教学重点：学生掌握前滚翻和青蛙跳的动能技能。

教学难点：学生能运用所学并融入游戏中。

教学过程			
教学环节	教师活动	学生活动	设计意图
1. 热身	教师整理队伍：立正、稍息，向两边散开一定距离，准备做热身运动。教师邀请一位同学上来带操。	根据教师的指令做好立正稍息，跟着带操的同学做好热身运动。	课前做好热身活动，避免在课堂上造成不必要的运动损伤。
2. 新授	学习前滚翻：教师先做讲解示范，先跪立位在垫子上，双手放在垫子上，接着将头贴着垫子，膝盖离开垫子，脚用力蹬地，完成翻滚的动作。学生认真观察之后进行模仿练习。针对不能完成或不敢做的学生，教师给予辅助和开导。	在教师讲解示范的时候认真观看和听讲，积极模仿教师的动作，需要帮助举手和教师说。	身体滚动翻转是一种加速运动，以旋转的方式刺激孩子的前庭器官，对孩子的前庭觉训练很有帮助。但是在学生练习的时候教师应注意保护好学生的安全。
	学习青蛙跳：教师先讲解示范，先蹲下手放地上，接着手向上伸，同时脚用力蹬地往前跳，脚后跟先着地慢慢过渡到前脚掌，最后回到一开始的姿势。学生认真观察之后进行模仿练习，动作不能连贯的同学多加练习，教师要给予鼓励。	教师在讲解示范的时候认真观看和听讲，积极模仿教师的动作，注意落地的时候要脚掌先着地做缓冲保护自己。	青蛙跳可以锻炼学生的腹肌和腿部的肌力、肌张力、肌耐力，促进本体和前庭功能的发展，有利于学生身体的稳定性、姿势的控制、注意力和安坐能力提升。
3. 乐趣延伸与技能比赛	游戏（蚂蚁搬家）：教师在终点放置一些小物品，学生通过前滚翻的方式到达终点，拿到小物品之后青蛙跳回到起点。教师将学生分为两组，学生扮演小蚂蚁，运用刚学习的动作去完成该游戏，最终获得小物件最多的一队胜利。	学生认真听教师讲游戏规则，并按照教师的分组方式以及所学的知识进行比赛。	游戏和比赛会让学生更积极，通过游戏的方式去增加练习的密度，学生不但不会感到疲惫，反而会更加积极和兴奋。

下篇　慢教育　融发展的实施探索

教学过程			
教学环节	教师活动	学生活动	设计意图
4.肌肉放松	组织学生平躺在地面上，教师拿着瑜伽球通过按压的方式给学生进行触觉刺激和肌肉放松。	学生根据教师的指引，快速地躺在地上，等待教师的按摩。	通过瑜伽球的按压给予学生触觉的刺激以及肌肉的放松。
5.总结奖励	教师总结本节课的内容，让学生拿着代币兑换奖励。	拿代币向教师兑换自己想要的东西。	利用强化的原则来提高学生的动机。
五、家庭作业		设计构思	
学生练习前滚翻和青蛙跳。		将课堂的训练延续到生活中去，保持校内外训练的一致性。	

附表2　感觉统合《蚂蚁搬家》教学设计

学校名称	南海区桂城街道桂江第三小学	执教教师	何惠娥
授课内容	蚂蚁搬家（跪立位移动）	课程学时	1
教材版本	培智学校义务教育劳动技能课程标准	教学对象	黎志嵘、王煜格、於肖恩、刘馨绮

一、教学目标的确定依据

1.教学内容分析

跪立位行走可以加强学生躯干和骨盆的控制能力。在跪立位时学生的膝盖处于屈膝状态，存在膝反张的学生在移动过程中可以抑制过伸状态，加强学生的臀部力量，可以更好地帮助学生实现跪立位移动，并且能够加强学生在行走时的稳定性。

2.学情分析

王煜格：女，10岁，发育迟缓，存在肢体不协调的现象，身体控制能力差，走路会摔倒。在模仿教师动作的时候，教师需要给予一些辅助或者纠正。

於肖恩：男，10岁，智力障碍，身体协调性差，信心容易受挫，在自己不确定的领域要多加鼓励，培养其自信心。

黎志嵘：男，11岁，自闭症，身体不协调，兴奋时会出现同手同脚的现象。会主动表达需求，喜欢讲条件，模仿能力一般，需要教师辅助。

刘馨绮：女，11岁，自闭症，存在多动的现象，容易受到惊吓，平常班上的学生大声一点她会表现出害怕。课堂上表现一般，不受教师控制，例如要求她把球踢到足球门上，她会将球踢出操场。

二、教学目标

1. 学生们学会高跪位行走（前进与后退）。

2. 学生们能够将学会的高跪位行走与游戏相结合，与同伴一起玩游戏。

三、教学重难点

教学重点：学生学习高跪位行走，增强身体的协调性和稳定性。

教学难点：学生们在高跪位行走的时候要保持脚趾和脚背贴地面。

教学过程			
教学环节	教师活动	学生活动	设计意图
1. 热身	教师整理队伍：立正、稍息，向两边散开一定距离，准备做热身运动。教师一边喊口令一边做示范。	根据教师的指令做好立正稍息，模仿教师的动作做热身操。	课堂开始前教师带着学生一起做热身运动，避免在课堂中因为肌肉僵硬而受伤。
2. 新授	跪立位前进：教师一边做示范一边讲解。高跪在垫子上，身体挺直，膝盖弯曲，呈90°，只有脚趾和脚背紧贴在垫子上，先一只脚往前走，之后另外一只脚也往前走，眼睛一定要看前方，扶着瑜伽球往前走。独立进行跪立位前进：在完成跪立位前进之后，教师将瑜伽球撤除，让学生独立练习跪走。学生在练习的时候教师观察学生晃动的幅度，若晃动的幅度过大就要再练习跪立位前进；若身体晃动幅度较小就进行下一个任务。跪立位后退：学生完成前两个练习之后开始增加难度，学习跪立位的后退，动作与跪立位前进相同，但是是扶着瑜伽球往后退。	在教师讲解示范的时候认真听讲，之后根据教师的指令扶着瑜伽球前进完成任务。完成跪立位前进之后根据教师的指示将瑜伽球撤除，独立练习跪立位前进。根据教师的指示扶着瑜伽球往后退，完成任务教师奖励代币，下课之后用代币向教师兑换奖励。	瑜伽球可以做一个辅助，帮助学生稳定身体，减小身体晃动的幅度。等学生熟练之后将瑜伽球撤除，检测学生身体晃动的幅度，若身体幅度较小就进行下一个任务。跪走能达到下肢稳定和视知觉协调和稳定的作用，所以学生在练习的时候教师要看学生的动作有没有做对，做好个别学生的辅助工作。

下篇　慢教育　融发展的实施探索

教学过程			
教学环节	教师活动	学生活动	设计意图
3. 巩固	同学互助：教师组织学生两人一组，跪立位面对面、手拉手进行比赛。按照刚学的跪立位移动，一个学生进行跪立位前进，一个学生进行跪立位后退，到达终点之后两个学生互换位置，回到起点和教师击掌。教师奖励赢的那组同学代币。	根据教师的分组跪立位准备好，和小伙伴手拉手听到教师说出发之后就开始快速地完成任务。	将学习的知识设计一个游戏，让学生在游戏竞赛中练习，提高学生的学习兴趣。
4. 肌肉放松	组织学生平躺在地面上，教师拿着瑜伽球通过按压的方式给学生进行触觉刺激和肌肉放松。	学生根据教师的指引，快速地躺在地上，等待教师的按摩。	通过瑜伽球的按压给予学生触觉的刺激以及肌肉的放松。
5. 总结奖励	教师总结本节课的内容，让学生拿着代币兑换奖励。	拿代币向教师兑换自己想要的东西。	利用强化的原则来提高学生的动机。

教学反思：
1. 学生能力差异较大，注意分层教学。
2. 学生的情绪行为较多，教师需要多关注学生们的情绪。

融合教育工作实施细则

佛山市南海区桂城街道桂江第三小学　黎淑贞　赵红　李波

一、融合教育组织架构

为推进特殊学生教育工作，我校成立专门的特殊教育工作小组，由行政团队、专业团队、骨干教师组成。

第一条　行政团队

由正校长、分管副校长、主管行政、教导处负责人、后勤保障负责人组成。主要职责包括：

1. 为特殊教育工作抓好研究导向，确定学校特殊教育研究课题。

2. 为教师、教研组、课题研究提供必要的资料、信息及条件。

3. 组织全体成员做好特教班和随班就读工作并协调落实。

4. 为教师进修、外出学习创造条件，培养特殊教育骨干教师。

5. 建设融合教育专业场地，并配置必备的设施器材。

6. 重视随班就读教师的发展，要在制定教师工作量、评优、晋级制度等方面向随班就读教师倾斜，在舆论上和实际工作上给予大力支持和帮助，为随班就读教师创造一个良好的工作环境。

第二条　专业团队

由专职特教教师组成。主要职责包括：

1. 忠诚于特殊教育事业，热爱特殊学生，不断提高自身素质，做合格的特殊教育工作者。

2. 对特殊学生实施个别教育辅导，提高其学习能力，为普特融合教育的正常开展提供良好的服务。

3. 对残障学生进行康复训练、缺陷补偿，不断提高潜能和智能。

4. 对特殊学生就读班的班主任、学科教师开展特殊教育咨询服务和业务指导，加强联系，交流信息，共同拟定和完成好个别教育计划。

5. 培养特殊学生良好的道德品质、行为习惯，全面关心学生的成长。

6. 保持家校联系，定期开展家长会，设立常规的联系平台。

第三条　骨干教师

由融合教育骨干教师、随班就读班主任、随班就读任课教师组成。主要职责包括：

1. 忠诚于特殊教育事业，热爱特殊学生，不断学习，提高自身素质，做合格的特殊教育工作者。

2. 依学生程度及需求，与其原班任课教师及家长、专职特教教师充分讨论沟通后，制订学生的个别化教育计划。

3. 依学生个别化教育计划，分析学生能力，自行编制、改写或简化设计适当多元教材并施行适合的教学评量。

4. 对随班就读学生积极予以生活、学习等辅导。

5. 经常主动与资源教师保持联系，协助资源教师掌握资源班学生在班学习情形，并了解学生在班级的各项适应状况，以便配合适时辅导。

6. 随时主动与随班就读学生家长保持联络，告知提醒家长各项配合事项，并就学生学习及生活行为问题妥善沟通。

7. 宣导资源教育的重要和随班就读运作模式，以加深校内师生、行政人员或家长的接纳、支持和参与程度。

8. 积极参加教研活动，不迟到、不缺席；积极参加特殊教育培训，并争取对其他教师进行二次培训。

9. 尊重特殊教育规律，关注每一位残疾儿童少年的身心健康发展，着力培养学生良好的学习生活行为习惯，使其逐步树立自尊、自爱、自强、自立精神，促进学生德智体美劳全面发展。

10. 加大关爱帮扶力度，建立学生之间的同伴互助制度，在安排品学兼优学生轮流给予关心帮助的基础上，鼓励全班同学通过"一对一""多对一"等方式进行结对帮扶。

11. 根据每位残疾学生的实际情况，科学评估残疾学生的学习能力和水平，合理调整课程教学内容，科学转化教学方式，不断提高对随班就读学生教育的适宜性和有效性。

12. 教师在课堂教学中应处理好普通学生与残疾学生的关系，加强对随班就读学生的个别辅导。

13. 任课教师在课堂教学目标设置、教学内容安排、教学方法选择和教学评价等方面，应充分考虑随班就读学生的学习需要和发展需求。

14. 骨干教师在教学中要安排好随班就读学生与普通学生的交流互动，创设有利于残疾学生和普通学生共同学习成长的良好教学环境。

15. 骨干教师既要重视随班就读学生学习必要的文化知识，更要注重开发潜能、补偿缺陷，特别要加强公共安全教育、生活适应教育、劳动技能教育、心理健康教育和体育艺术教育，帮助随班就读学生提高自主生活质量和劳动能力，培养正确的生活、劳动观念和基本的职业素养。

二、融合教育管理制度

第一条　桂江第三小学落实国家教育部及广东省关于特殊教育的法律法规，按照上级教育部门关于特殊教育工作的要求开展随班就读工作。将随班就读工作纳入学校整体发展规划，整合学校各方面力量开展随班就读工作。

第二条　资源教室的服务坚持公益普惠、科学评估、尊重差异、因材施教，普特融合等原则，全面提高融合教育质量，推动特殊教育公平、融合、高质量发展。

第三条　资源教室的服务面向桂江第三小学全体教师、学生以及家长，开展个别辅导、融合宣导、家庭教育指导等服务，配备并定期更新特殊教育需要的设施设备、教具学具，建立平等、关爱、友善的师生、生生关系，将特殊教育融入学校文化建设。充分利用和开发各种有助于残疾学生学习的教育资源，创设无障碍的、促进学生发展的良好环境。

第四条　桂江第三小学资源教室接受南海区特殊教育指导中心的指导，每学年反馈随班就读学生的信息、汇报开展随班就读工作的情况，积极依靠特殊教育指导中心以及利用各种社会资源，开展随班就读工作。

第五条　资源教室为随班就读学生建立个人档案，包括个人和家庭情况、残疾鉴定、个别化教育计划、学业情况、考核评估、成长记录等材料。同时加强学生档案管理、及时更新，在学生毕业、升学、转学时做好有关档案材料交接手续。应注意保护残疾学生个人隐私，不得擅自公开其个人相关资料或信息。

第六条　资源教室落实"一人一案"，为随班就读学生制定和实施个别化教育教学方案。具体要求如下：

（1）由班主任或学校教师收集随班就读学生的基本情况（残疾评估状况，学业水平评估结果，社会适应能力评估结果，家庭教育状况，学习支持需要条件等）。

（2）由学校随班就读工作小组、巡回指导教师、学生监护人等相关人员共同研讨，科学分析诊断确定其教育需求。

（3）制定出阶段性教育目标（可分为学年目标和学段目标）及达成目标的具体措施，明确目标达成情况的评估方法。

（4）个别化教育计划原则上每学期制订一次，由学校定期对其实施情况进行评估。个别化教育计划在实施过程中应根据实际情况做必要的调整或修订。

第七条　个别化教育以课堂为主渠道，重视功能补偿和潜能开发，使随班就读学生更好地适应普通学校的学习。学校教导处与融合教育工作小组根据随班就读学生的个别需求和原班课表，共同研讨制定出资源教室课程安排及每个随班就读学生的个人课表，资源教室开设的课程主要包括学科辅导、感统训练、沟通训练、情绪行为训练、社交能力训练、粗大动作训练、精细动作训练、劳动技能训练、生活自理能力训练以及融合特色课程等。保证每个随班就读学生享有合适的个别辅导和训练。

第八条　融合教育工作小组根据随班就读学生特点、反映学生成长过程的多元评价内容，对学生的发展进行综合评价。

第九条　融合教育工作小组成员有权利参加各种特教专业知识的培训和学习，参加各级教育行政部门组织的各种教科研活动、比赛和评奖等活动，不断提高开展融合教育工作的专业技能。

第十条　随班就读班主任和任课教师应关心随班就读学生的思想、身体、心理的健康成长，把促进学生全面发展放在首位。重视随班就读学生社会适应能力的培养与评估，定期分析、研究。密切关注随班就读学生的素质发展并做好相关记录。

第十一条　资源教师、融合教育教师和随班就读任课教师应注重随班就读学生教学质量，认真研读国家培智课标，每学年做好教学计划，在教学设计中要体现出随班就读学生的教学目标、教学过程、课内练习、课后作业的特点。精心选择有效的内容、有效的教学方式，把随班就读学生的教学要求融汇到集体教学、小组教学、伙伴合作中。

第十二条　随班就读班主任应配合完成资源教师的工作，积极与资源教师保持联系，积极开展融合宣导活动，共同创设接纳、包容、共赢的班级氛围，必要时为随班就读学生安排融合小天使、助学小伙伴等，为随班就读学生提供帮助，同时助力普通生的成长。

第十三条　随班就读任课教师应严格按照资源教室课表开展个别辅导，不得随意缺课。外出或请假时，先自行调课，再上报教导处安排代课。保证每个随班就读学生每周享有不少于3课时的个别辅导和训练。

第十四条　融合教育工作小组成员在融合教育计划内为随班就读学生

进行个别辅导或开展融合教育活动时，可以使用资源教室的各个场室，包括个训区、小组学习区、评估区、感统室、宣泄室和家政室，学校其他教师和活动需要使用资源教室时，可以向学校教导处和资源教室负责人提出申请，同意后方可使用。

第十五条 使用资源教室时，要注意各类设施设备、教具学具的维护，每次使用后自觉整理、清洁，填写好资源教室使用记录表并签名。

三、特殊教育班级课堂教学班级管理制度

为了全面贯彻教育方针政策，落实学校办学宗旨，强化师德师风建设，使广大教师进一步增强教育质量与安全并重的意识，创建一个有序整洁、平安、和谐的校园，学校特别对班级管理及课堂教学有关规范作如下要求：

第一条 班级管理

（一）班级卫生

1. 各班教室内外要随时保持整洁有序。教师讲台整洁干净，学生桌椅排列整齐有序，黑板在课前擦拭干净。

2. 卫生角的垃圾要当天清理，各种卫生用具整齐摆放，展示良好的班级卫生面貌。

（二）班级安全

1. 放学后各班要把门窗关紧，教室的门窗及其他设施设备等有破损或存在安全隐患要及时上报总务处，总务处要及时安排整改，消除安全隐患。

2. 任课教师要按时上下课，不得拖课，以免影响下节课上课及学生身心健康。下课看管学生安全，做好上下节课的无缝交接工作，保证课间学生秩序安全良好。

3. 任课教师应做好课堂调控工作，保持良好的课堂教学秩序。

4. 上下午最后一节课，任课教师必须组织好学生，清点人数，让学生安全放学。

第二条　主、助教教师工作要求

（一）主教

1. 自备合适的教学内容，参考《培智学校义务教育课程标准》中相关科目要求。

2. 主持课堂教学，维持课堂秩序。

3. 下课后监督学生喝水、上厕所。

4. 看管学生课间活动，直至将下节课上课。

（二）助教

1. 协助主教进行课堂教学，维持课堂秩序。

2. 提醒、帮助跟不上主教指令的学生。

3. 随时注意学生动向，处理学生突发情况（跑出教室、擅自离座等）。

4. 下课后监督学生喝水、上厕所。

5. 看管学生课间活动，直至下节课上课。

第三条　课堂教学安全

（一）室内课堂教学安全要求

1. 按时上下课，做到不迟到，不早退，不中途离开，不拖堂。

2. 教师要加强对学生的管理与教育，教育学生要讲究法，因材施教，不剥夺学生上课权利，不得采用简单粗暴的方法，严禁体罚和变相体罚学生。

3. 在课堂教学中，安全工作实行任课教师包班责任制和责任追究制。

4. 教师要掌握学生出勤情况，做好点名工作，及时了解学生缺课原因，课后与班主任联系。如原因不明，班主任要及时与学生家长取得联系，避免学生出现意外事故。

5. 教师应关心爱护学生，如遇学生身体不适，及时与班主任或家长联系，妥善处理。

6. 上课期间，学生离开课堂必须征得上课教师同意，外出校门需班主任出具手续，门卫方可放行。

7. 学生因事、因病请假，需有家长签名的请假条。

8. 到专用教室上课，教师必须做好学生组织管理工作，确保学生安全。

（二）室外活动课堂教学安全要求

1. 上课铃响前，任课教师必须亲自将学生全部带到活动场地内，课前应对学生进行必要的安全教育。

2. 合理安排活动量和活动强度，关注体质较弱学生和特异体质学生。

3. 对于因身体原因不能上活动课的学生，以及在教学场地休息、旁观的学生，任课教师要给予关注，不可放任不管；如遇有特殊原因不能到上课场地的，班主任必须做好管理工作，坚持杜绝出现学生脱管的现象。

4. 如果活动课上，发生学生呕吐、晕倒、受伤等突发情况，应立即采取以下措施：

（1）迅速通知班主任、主管行政和学校领导。

（2）如果学生病（伤）情况较为严重，要立即送往就近医院。

（3）班主任要及时将学生病（伤）情况通知到学生家长。

（4）任课教师事后及时写出现场情况报告，并上交学校或上级主管部门，学校及时组织人员跟进。

第四条　各场室使用制度

（一）家政室使用制度

家政室是为学生提供模拟家庭实镜的活动场所。在模拟家庭实际的环境中，通过训练活动，使学生掌握家庭生活知识、日常生活礼仪以及室内清扫、整理等生活技能。

为进一步加强家政室的管理使用，提高家政室使用效率，结合实际制定本规定：

1. 家政室教师使用

（1）常规教学。正常教学使用，根据不同的使用情况准时开关门，使用完毕之后断水、断电、锁好门窗。

（2）卫生保洁。课后保持家政室整齐整洁，用完物品放回原处。

（3）课后签名。说明家政室使用情况。

2. 家政室学生使用

（1）保持家政室整洁卫生，不随地吐痰、不乱扔垃圾，用完物品放回原处。

（2）爱护公物。未经教师允许，不乱动设备设施。

3. 家政室管理人员主要职责

（1）用电管理。保证教学用电，使用后关闭室场所有电源，杜绝长明灯现象，严禁违章用电。

（2）室内设施的维修与维护。定期组织人员检查家政室设施的数量和完好状况，保证教室正常使用，对自然损坏的设施及时维修；发现人为损坏或丢失的追查责任单位及负责人，视情况确定赔偿数额并及时组织维修或补充。

第五条　宣泄室使用制度

1. 师生须在本室的开放时间段内使用本室，学生须在教师的监护下使用本室。本室开放的时间段为8：35-11：50、14：40-16：05。

2. 在宣泄室内，师生必须爱护所有物品，保持环境卫生整洁，禁止饮食、抽烟、吐痰、乱扔垃圾等不文明行为。

3. 宣泄时间的长短，应根据个人身心状况而定。每次宣泄时间一般为30分钟以内，切勿疲劳过度。

4. 师生要正确使用室内物品，并且在宣泄结束后，要将宣泄工具物归原处。如有损坏或者丢失，照价赔偿。

5. 在离开宣泄室前，师生要打扫室内卫生，排查室内的安全隐患，并且断电、关窗、锁门。

第六条　感统室使用制度

1. 师生要爱护室内物品，不得将感统器材随意外带或者借出。如有特殊情况需要借用，借用人需要提前联系感统室负责人。

2. 师生需要脱鞋进入室内，禁止吸烟、饮食、嬉戏、喧闹、追逐等不文明行为。

3. 在训练前，教师要保证感统室环境整洁，空气清新，保证学生室内空气流通，从而避免传染性疾病传播。

4. 在训练过程中，教师需要全程看管学生，并教导学生安全使用感统器材，以免发生危险。

5. 在训练结束后，教师要组织学生将感统器材物归原处，并且清点器材数量。如有损坏或者丢失，照价赔偿。

6. 在训练结束后，师生要及时打扫感统室的卫生，保证室内外的干净整洁。

7. 在离开感统室前，教师要排查室内的安全隐患，并且关窗、锁门、断电。

四、陪读制度

第一条　陪读的申请和认定

1. 申请的条件：

（1）有严重攻击行为会对他人造成直接身体伤害的学生。

（2）情绪波动大、大哭大闹影响正常教学秩序的学生。

（3）随意离开课室、随意携带或玩弄危险物品等存在安全问题的学生。

（4）行动困难、生活不能自理的学生。

2. 申请的流程：

（1）家长填写《桂江第三小学陪读申请书》经班主任同意向学校德育处提出陪读的书面申请。

（2）德育处安排融合科组对提出陪读申请的学生进行全面评估。

（3）德育处对需要陪读的学生及其陪读人员进行认定归档。

第二条　陪读人员的要求

1. 陪读人员请自觉遵守学校的作息时间表，及时接送学生出入学校。

陪读人员服从班主任和科任教师的安排，不得擅自出入课堂或随意进出校园，如有特殊情况需中途接走学生，须向班主任说明，经过班主任同意后才能接走学生。

2. 陪读人员协助任课教师在课堂上辅导自己孩子完成学习任务，不喧哗、不聊天，尽量以动作或眼神辅助孩子进行课堂学习，辅助时提示的声音以自己孩子能够听到为主。不得实施打骂等过激行为，以免影响课堂教学。

3. 根据班主任和科任教师的需求，陪读人员在教室内陪读或暂时撤离教室两种方式，如教师本节课不需要陪读人员辅助，家长可以到教室外休息。

4. 陪读人员上课期间不在课室内接打电话，若有带手机上课者，必须将手机调为振动状态，以免影响教学。

5. 陪读人员在校期间应自觉遵守学校的规章制度，注意个人形象，不随地吐痰，不说粗言秽语。

6. 陪读人员应仪表大方得体，衣着整洁，不穿拖鞋和无袖背心等暴露的衣服。

7. 学生之间发生矛盾、纠纷，采取正确方法给予指导、教育，或向授课教师反映，恰当解决，不得训斥、恐吓任何一方学生，以确保学生身心健康。

8. 陪读人员协助学校树立良好育人氛围，尊重学生、尊重教师，积极与学校教师配合，及时反映、了解学生情况，提供建议，共同教育好学生。

9. 陪读人员在陪读期间必须保证孩子的安全，保证孩子时刻在自己的视线范围内。

10. 一般情况下，陪读人员不能随意更换。如需更换，必须提前征得班主任同意，且家长要填写《桂江第三小学陪读人员变更申请》提交到德育处。

11. 每位需要陪读的学生只需一名陪读人员，其年龄应在65周岁以内，身体健康。

第三条　陪读人员所在班级的教师的要求

1. 班主任及科任教师有责任管理陪读人员的行为，定期召开陪读人员会议。

2. 增强教师与陪读家长沟通的艺术性，倡导微笑服务，构建民主、和谐的学校陪读关系。

3. 班主任及科任教师指导陪读家长树立正确的教育观念，学习科学的教育知识和有效的教育方法。

4. 班主任及科任教师应收集并反映陪读人员对学校工作的建议和意见，协调并参与学校管理，进一步提高管理实效。

附：

桂江第三小学陪读申请书

班级：

学生姓名：

因：

（情况）需要申请陪读，陪读人员为（姓名），关系是（　　　），联系电话（　　　　），陪读时间为　年　月　日至　年　月　日。

家长签名：

班主任签名：

德育处：（盖章）

日期：　　年　月　日

五、融合教育教师支持及经费制度

认真落实国家和省关于特殊教育教师工资待遇倾斜政策，结合实际适当增加绩效工资总量，保障特殊教育教师按政策享受相关待遇、津贴补贴等。

严格落实我省特殊学校教职员编制标准，为特殊教育学校、特教班配齐配足教职工。

融合教育教师享受国家、省、市、县（区）、街道等组织的业务培训。学校鼓励支持融合教育教师积极参与教研活动、教学能力比赛等，承认其教科研业绩，记入本人业务档案，按实际情况作为岗位考核、职务晋升和评优等重要依据之一。

保障融合教育教师的课时量充足，任何组织或个人不得以任何其他理由占用融合教育教师的课时，保障融合教育教师能专心地在岗位上进行教学工作。

资源教室专项经费、科研课题经费以及融合教育相关活动经费纳入学校经费，由学校财务处和融合科组共同进行管理。具体如下：

1. 财务处作为学校经费管理部门，负责经费使用计划管理。统筹安排和落实资源教室专项经费、科研课题经费以及融合教育相关活动经费的使用计划。

2. 融合科组学期内零星采购，向财务处申请，写明用途、金额，按学校规定采购流程办理，以发票收据为准进行报销。

3. 融合教育各专项经费只能用于其指定项目，不得用于其他项目。

4. 学校经费优先倾向于融合教育，为资源教室、特教班以及各场室配备评估工具、教学用具、场室器材等。

随班就读班级建设研究

佛山市南海区桂城街道桂江第三小学　黎淑贞　蓝楠　罗红云

一、研究背景

《中华人民共和国义务教育法》第十二条规定，适龄儿童、少年免试入学。地方各级人民政府应当保障适龄儿童、少年在户籍所在地学校就近入学。广东省人民政府办公厅转发了省教育厅等部门《广东省"十四五"特殊教育发展提升行动计划》（粤府办〔2022〕20号）提及普及残疾儿童义务教育的具体举措之一就是坚持"全覆盖、零拒绝"原则，巩固完善以随班就读为主体、以特殊教育学校为骨干、以送教上门为补充的安置措施，压实义务教育阶段普通学校接收残疾儿童随班就读工作责任，建立健全学校随班就读工作长效机制，确保适龄残疾儿童应随尽随、就近就便优先入学；加强普通教育与特殊教育双向融合。通过推动特殊教育资源（指导）中心建设，深化课程教学改革，推进随班就读示范区、示范校（园）建设。

其中，广东省佛山市人民政府、佛山市教育局高度重视市融合教育的发展，把融合教育纳入广东省教育综合改革示范区和国家教育体制改革试点的总体规划，并提出了佛山市特殊教育提升计划，对融合教育和随班就读做出具体要求。笔者所在的小学正是佛山市共融校园基地学校、南海区桂城街道特殊教育资源服务中心，学校一直致力于融合教育的发展，为特殊需要儿童在普通教育环境下接受教育提供专业支持。

在学校的慢教育课程体系五大特色项目之中，"融之大爱"——融合教育是重要的组成部分，也是学校的特色项目。在"慢文化"的滋养和科研引领下，"融之大爱"项目特色日益彰显，2020年度学校"慢教育理念下的'小学融合教育模式的探索和实践'"通过了广东省教育科研"十三五"规划教育科研项目立项；学校于2021年7月入选广东省教育厅公布特殊教育精品课程建设、内涵建设示范项目名单，获广东省随班就读示范学校（园）建设立项。学校现设有2个阳光班，接收不同程度的智力障碍、自闭症等特殊在籍学生共计19名，家长提出申请办理、经评估记录在案、提供资源帮助的随班就读学生9人，本文选取的随班就读学生即为其中之一。

二、班级情况

桂江第三小学404班现有学生44名，男生26人，女生18人，其中1人（男）鉴定为中轻度智力障碍和ADHD注意力缺陷障碍（冲动型），该生性格开朗活泼，社交意愿强烈，但言语、非言语存在障碍；生活能自理，但卫生习惯有待改进；学习能力较弱，记忆刻板。该生现已经办理随班就读，是为本文讨论对象。另有1人（男）鉴定为自闭症谱系障碍（ASD）和ADHD注意力缺陷障碍（混合型），暂未办理随班就读，现由家长陪读。班级氛围活跃，学生活泼好动，好奇心强，热爱探索，自制力、意志力较薄弱，纪律较松散，有一部分得力的班干部和善良热心的同学，家校合作较为畅通。

三、建设过程

随班就读教学内容的选择，往往是由教师参照普通教育的内容，针对随班就读学生的实际作出调整、选择。调整与选择教学内容的基本要求是具有系统性、可接受性和实用性。

（一）联合各方力量，做好前期调查

刚刚开始接触户籍生小光，发现他在言语、非言语方面都异于其他同学：只能发出"啊""哦"等简单圆唇音，无法与人正常交流；做事不能集中注意力，肢体动作较僵硬；会突然攻击身边的同学，并哈哈大笑地跑开……有其他的家长在接送的时候告诉教师，这名学生在幼儿园就已经"特别奇怪"。经过一个星期的观察，决定报告学校的德育处，由德育主任组织科任教师、资源教师对学生家长进行谈话，结合学生的检查报告以及课堂表现对学生进行评估，并制订个别发展计划。

（二）全面持续观察，改善安置条件

存在智力缺陷的随班就读学生通常需要更长的时间来适应新环境，又因不适应，偶尔会产生一些攻击行为。比如突然离开座位在课室走动，甚至拍打坐在周围的新同学，在排队的时候拉扯周围的同学或者是在睡室攻击睡在身边的同学。学生父母曾告诉教师，随班就读的学生在幼儿园时期由园长特别看管，午休时是离开群体的，有属于自己的一片特定区域。因此，该学生可能认为新同学"入侵"了他的个人空间，进而发起攻击。

经过询问调查，教师发现班上确实有几个同幼儿园的同学，于是便将其教室座位安排在幼儿园同学附近，降低随班就读学生和其他新同学的不适感，周围安排性格较为安定温和的新同学，并将该生安置于课室前排靠近讲台的地方，以便照看。在随班就读学生逐步熟悉环境后，再调整座位，旁边安排得力、有耐心的助学伙伴。一至二年级由责任感强、机敏的女班长担任助学伙伴，升上三年级后由男班长以及部分男同学轮流助学。

在排队方面，低年级由教师牵手带领，二年级下学期开始尝试站在队伍前列由班长照看，熟悉环境后按照身高自行排队，由前后左右的同学照看。低年级排队放学时，随班就读学生跟着教师站在队伍前列，当随班就读学生提问"这是谁"时，教师耐心解答："这是×××，我们要说'再见，×××'！"，让随班就读学生复述道别并模仿挥手示意，以此加深学生对新同学的认识，使其加速融入新班级，增强社交能力。经过两个学

年的努力，学生基本能认出班上的全部同学。

由于睡室空间有限，实在无法满足独立的特定午睡区域，因此将午睡位置调整为靠近风扇的通风口，缓解环境闷热引起的焦虑情绪。周围安排能够快速入睡的同学并保持一定距离，并由教师在旁看管、安抚，尽量避免争端。午睡醒来由周围的同学帮助、引导该生整理睡具，班主任叮嘱家长回家加强对随班就读学生收拾睡具的生活技能练习。二年级时该生已经适应睡室环境，不再有攻击行为，可将午休位置调整回同学之间正常跟随班级午休。

（三）根据学生需要，调整课程考核

智力障碍学生的学习问题是最显而易见的。一年级时，该生并不能完全听懂教师的指令，拼读困难，无法正常言语交流，经常需要借用夸张的肢体语言和面部表情传达信息；书写粗放，经常把汉字笔画写出田字格外，书写姿势略微僵硬。阅读理解欠佳，但是记忆力良好，一对一重复教过的知识在3天后能够记住60%～70%，对简单知识的学习热情比较高，喜欢涂画，对教师的表扬十分受用，一旦教师表扬"你做得真棒""你好认真啊""这里做对啦"，该生会表现得特别开心、自豪。在数学方面，能够写出数字，计算较为缓慢，但作业态度良好。该生父母仅有小学文化水平，姐姐职业高中文化，家庭成员对孩子的学业比较重视，愿意尽己所能辅导学生。但是随着年级升高，知识难度上升，加之姐姐已毕业工作，很少回家参与辅导，学生的作业质量下降得比较明显。

各科教师主动降低对该生的作业要求。如语文以正确识记、认读、书写生活中常见、常用汉字为主，能说出"谁做什么""谁怎么样"等简单句式即可，对语用、阅读、习作则不作过多要求。数学以基础运算为主，千位以上的运算允许使用计算器。英语则以指认事物为主。

班级内的课堂学习安排附近的助学伙伴帮助其批改、订正。资源教室每个学期根据学生的需求提供相应的课程，如每周一节的抽离式阅读策略和沟通交往课程（学生到资源教室和其他特殊学生或者普通学生以小组合

作的形式共同上课）。语文、数学教师提供每周各一节的课后学科辅导支持。期末到资源教室进行考核，同时资源教师还会根据该生的学习能力和平时每周学科辅导内容制定个性化测试，参考两份试题，给出综合评分作为期末总评。

另外，班级还定期开展相应的融合宣导课程，针对特定事件和个体，也提供个别宣导课程。比如有一次，班上有几位男生创作带有嘲笑该随班就读学生的意味的小漫画，资源教师邀请这几位同学了解情况后做了关于"尊重"话题的个别融合宣导教育。

（四）关注课间生活，加强社交训练

随班就读的学生社交意愿强烈，但是言语表达受限，因此他可能会通过吼叫、做鬼脸、拍打、追逐等夸张的肢体语言来表达"我想和你玩"的意思，这就引发了很多误会，导致学生之间的攻击行为。经过一段时间的相处，该生和班主任建立了感情基础，并把对幼儿园园长的依赖转移到班主任身上，班主任叮嘱该生下课后到办公室帮助教师搬作业、清理桌面、做垃圾分类，锻炼精细动作和基本生活技能，同时一对一学习问好和道别、"轻轻拍"而不是拉拽等沟通技巧，学成以后教师马上给予积极反馈，或口头表扬，或给予实物奖励，或奖励做小游戏，学生十分受用，更加积极寻求教师的帮助，愿意和教师分享所看所想，教师能够掌握该生的行踪，对降低学生的攻击行为、减少学生之间的摩擦有良好的效果。

四、反思

智力障碍学生是一个符合自然生长规律的学生，这样的学生逐渐长大，始终要融入社会，独自面对形形色色的人，而不是永远生活在师长的荫蔽之下。因此在中高年级以后，同伴在校园生活中的帮扶作用应该进一步扩大，做好宣导工作成为重中之重。系统化、个性化、分主题的宣导工作不仅仅在班级中施行，更应该面向各班、各年级有序开放，共同构建和谐、共融的校园氛围。

随班就读学生心理健康教育方案设计

佛山市南海区桂城街道桂江第三小学　李凯峰

一、设计背景

随班就读即指在普通学校的普通班中吸收特殊学生与普通学生，共同接受学校教育的组织形式。这种特殊学生的教育形式，可使特殊学生在普通班级中，亲近社会中不同群体的学生。在一定程度上，扩大了特殊学生人际交往的范围。同时，也可为在随班就读的非特殊学生提供各类人际交往的机会，对非特殊学生群体的成长具有现实与重要的意义。我校有一定数量的随班就读的学生，由于其特殊性，他们在普通班级面临着一些适应问题，若适应不良则会引发一系列的心理问题，如学习焦虑、冲动倾向、对人焦虑、恐怖倾向、行为退缩、孤独倾向。鉴于此，对这类学生开展心理健康的教育工作则尤为重要。

二、设计理论依据

（一）"心理场"效应

心理场即以人的心理为中心组合而成的特定场，心理场效应指在集体中个体与个体相互之间的思想与行为不分离，经常、持久地存在心理上的感应与相互碰撞，类似于"场"的作用，并以集体某种独特的心理色彩与集体风格呈现出来。心理场效应具有潜在性、感染性以及教育性等特点。

从本质上说，是一个独特的、富有个性化的心理环境，并对每个处于该环境中的个体都具有潜移默化的影响。

作为随班就读的一线教师和研究者，一方面需注意观察，及时发现并改造负性"心理场"环境，以避免造成不良影响；另一方面，应尽力营造健康向上的班级"心理场"环境，以期对学生各方面素质的形成与发展产生最大正效应。

（二）合作学习

合作学习，指在教师指导下，将班级学生按一定要求组合成学习小组，并以引导、设疑、常识、探究、比较、体验等为基本方式，实行学生主体、教师主导的有机结合的学习方式。鼓励特殊学生与非特殊学生合作学习，以促进师生之间的沟通，同时实现教学过程中师生教学相长的目的。

（三）观察学习理论

班杜拉观察学习理论认为，个性可以通过观察与模仿形成，榜样的行为特点与效果都会影响人们的个性形成与行为表现。不同年龄特征群体的态度、言行与爱好等会影响儿童的身心发展。因此，为随班就读学生选择适合其年龄发展特点的榜样人物，可以对其学习、思想及品行产生一定的感染力。

（四）灵光效应

在日常生活条件下，由于人们的信仰或信念不同，使本来不可能产生某种良好效果的事物产生良好的效果，这种效果被称为"灵光效应"。"灵光效应"是心理暗示的结果，原因在于，当人们受信仰或信念的支配时，在一定程度上提高内心情绪与活动的积极性。为随班就读的学生营造这样的班级氛围，他们会在不自觉中重塑自己的人格品质，培养自身的意志，并形成有利于集体和谐发展的行为习惯。因此，发挥灵光效应在班级中的作用，可以成为现实心理健康辅导中不可忽视的重要环节。

（五）光环效应

光环效应，又称晕轮效应，这种爱屋及乌的强烈知觉的品质或特点，就像月晕的光环一样，向周围弥漫与扩散，因此，人们便形象地称这一效应为光环效应，光环效应是影响人际知觉的重要因素。该效应在对学生的教育、评价中，常常表现为以分数作为衡量学生优差的唯一标准，对成绩好的学生偏爱而形成"一好遮百丑"的观念，而对后进生来说，对其个体的评价被突出的短处所掩盖，而忽视其闪光点。实践证明，这种片面看法会使后进生放大自己的不足，从而缺乏学习的自信心，这种人为造成的恶劣心理环境，不利于随时就读学生心理健康水平的提高。

（六）蝴蝶效应

一只南美洲的蝴蝶在丛林的一朵花瓣上，轻轻地扇动了一下翅膀，就有可能在美国德克萨斯州引起一场龙卷风，这种效应称为"蝴蝶效应"。也就是说，细小的因素表面上看似关联不大，但其巨大复杂的变化存在着紧密的因果联系。蝴蝶效应机制是量变引起质变及事物普遍联系的结果。蝴蝶效应的启示在于：教育无小事，事事皆教育。辅导教师或研究者处处留心随班就读学生心理变化，可以为营造良好的班级氛围、增进师生沟通感情提供有效帮助。

三、设计目标

（1）发挥特殊学生在班级群体中的影响力，激发班集体对特殊学生的关爱。

（2）促进特殊学生与非特殊学生的相互影响作用。

（3）促进特殊学生积极心理品质的发展。

四、设计方案

表1　设计方案

单元	主题	辅导理论	实施理由
第一单元	我们同为一家人	心理场效应	心理场效应有利于营造学生良好的心理氛围，根据特殊学生与其他非特殊学生间的人际交往关系，对学生寄予希望，引导非特殊学生对特殊学生的接纳
第二单元	羡慕与唾弃的目光	光环效应观察学习	避免光环效应，找出特殊学生的闪光点，树立班级学习楷模，用之作为班级学习典范，并利用同龄学生的影响力，增强班级凝聚力
第三单元	润物细无声	灵光效应	制定班级弱势群体辅导活动，以主人翁身份设计自己对特殊学生及其他学生的关爱计划，并建立班级关爱监督小组，观察同学们实施关爱计划的效果
第四单元	心灵碰撞	合作学习	针对特殊学生与其他非特殊学生间交往不密切的现状，实施合作学习
第五单元	千里之行，始于足下	蝴蝶效应	通过对前四单元的学习，为增强学生对学习知识的体验，形成良好的学习能力，让学生留心教育中的蝴蝶效应，将"教育无小事，事事皆教育"的理念升华到实际生活中